나만의 빈터

현 대 수 필 가 1 0 0 인 선 · 84

나만의 빈터

권일주 수필선

좋은수필사

■ 책머리에

수필은 누구나 부담 없이 읽고, 마음만 먹으면 직접 쓸 수도 있는 가장 친근한 문학이다. 다른 영역의 문학이 영상매체에 밀려 신음하고 있는 중에도 수필 인구만은 날로 증가하여 바야흐로 수필 전성시대를 구가하고 있는 이유도 거기에 있을 것이다.

시대적 추세에 힘입어 수많은 수필전문지, 수필동인지가 창간되고, 이에 비례하여 신진 수필가도 날로 늘어나다 보니 이제는 그 많은 작가, 그 많은 작품 중에서 문학성 높은 작품을 가려 읽는 일이 쉽지 않게 되었다. 이런 현상은 작가에게나 독자에게나 결코 바람직한 일이 아니다. 더 나아가서는 수필을 연구하는 후세들에게도 큰 부담이 될 것이다.

이런 문제를 해결하는 데는 출판인도 마땅히 한몫을 감당해야 한다는 평소의 소신에 따라, 본사가 기꺼이 그 역할을 맡기로 했다. 그 첫 번째 사업으로 시대를 대표할 만한 수필가 100인을 선정하고, 작가가 자선한 40편 내외의 작품을 수록한 문고본을 발간하여 이를 널리 보급함으로써 그 소임을 다하고자 한다.

본사는 사명감을 가지고 이 사업을 추진해 나가기로 했다. 작가 선정을 전담할 편집위원회를 구성하고 전권을 위임하여 일체의 사적인 정실이나 청탁을 배제함으로써 전문성과 공

정성을 확보해 나갈 것이다.

따라서 이 기획물 속에는 작가의 문학정신뿐만 아니라, 본사의 문학사적 기여 의지와 편집위원 제위의 수필문학에 대한 애정과 문인으로서의 양심이 함께 담겨 있음을 자부한다. 다만, 작가를 선정하는 기준에는 많은 견해의 차이가 있을 수 있고, 선정 과정에서도 미처 챙기지 못한 부분이 있을 것이라는 사실만은 인정하지 않을 수 없다. 이 점에 대해서는 관계자 여러분의 양해 있으시기 바란다.

이 시리즈의 발간 순서는 작가, 또는 본사의 사정에 의한 것일 뿐 그 밖의 어떤 기준도 적용하지 않았음을 밝힌다.

본 기획물이 시대를 초월한 많은 수필 애호가들의 관심과 애정 속에 우리나라 수필문학 발전에 한 이정표가 되기를 바랄 뿐이다.

2010년 10월

좋은수필 발행인 서 정 환

현대수필가 100인선 간행 편집위원 박 재 식 최 병 호
정 진 권 강 호 형
변 해 명

1_부

2_부

3_부

4_부

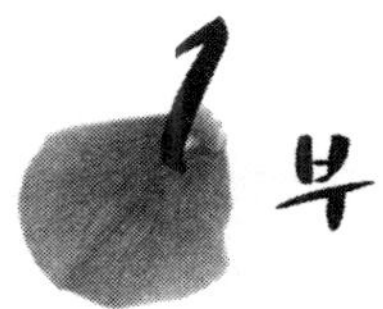

1부

동행同行

아프리카의 초원지대를 열차가 달린다. 키 작은 풀들이 누워 있는 벌판은 얼핏 보면 마치 사막 같다. 화면에서 카메라가 서서히 멀어지면, 드넓은 아프리카 벌판을 달리는 열차의 속도도 차츰 느릿해진다. 다다르는 곳에는 무엇인가, 꿈 같기도 하고 운명 같기도 한, 거부할 수 없는 것이 기다리고 있을 것만 같은 느낌이 든다.

몇 년 전에 본 영화, 〈아웃 오브 아프리카〉의 한 장면이다. 이 장면 하나에 나는 그만 홀딱 빠져서, 지금껏 가장 잊을 수 없는 영화의 하나로 서슴없이 꼽는다. 그리고 언젠가는 그 열차를 한번 꼭 타보고 싶은 절실한 기대를 안고 산다.

살아간다는 것은 긴 여행을 하는 것이 아닐까 하는 생각을 가끔 한다. 여행이라는 단어 하나만으로도 곧잘 가슴을 설레곤 하는, 그런 내 자신이 만들어 낸 생각일는지도 모른다. 그러나 그 여행길에 마침 마음에 맞는 동행이라도 만나게 된다면, 그 여행은 더할 나위 없이 환상 같은 것이 될 것이다.

생각해보면, 우리는 이미 이 세상에 태어나는 그 순간부터 내일로 가는 기차에 함께 오른 승객이다. 어제발 내일행 열차라고나 할까. 아기가 세상에 나오며 처음으로 우는 소리는 발차를 알리는 기적소리라고 해도 좋을 것이고, 탯줄을 자르는 소리는 역무원이 승차권에 펀치로 구멍을 내는 소리라고 해도 좋을 것이다. 태어나는 순간에 이미 올라 타버린 기차, 눈을 뜨고 의식할 겨를도 없이 기차는 이미 달리고 있다. 먼저 타 앉아 있는 승객들 사이에서 내 자리를 겨우 찾아 앉을 때쯤이면 이미 상당한 거리를 달려온 후이다.

그것을 이름하여 운명이라고 할는지 모르겠다. 기차 안을 둘러보면 종착역까지 동행하게 될 얼굴이 여럿 보인다. 아버지, 어머니의 얼굴, 형제의 얼굴이 있다. 조금 더 달리다 보면 친구라는 이름의 승객이 같은 열차 안으로 들어선다. 그리고 또 조금을 더 달리다 보면 배우자라는 이름표를 단 승객이 내 옆자리에 앉는다. 그리고 긴 여행에 조금은 심심해지고 지루해질 때쯤이 되면 어김없이 "심심풀이 땅콩이나 오징어 있어요!"하고 외치는 소리가 들려온다.

우리네 삶의 여정에서 '심심풀이 땅콩이나 오징어'는 손으로 이루 다 꼽을 수도 없이 많이 있다. 목숨을 걸고 온 정력을 바쳐 전문으로 하는 사람이 아닌 대부분의 사람들에게는 음악도, 그림도, 보석처럼 빛나는 한 줄의 시구도, 또 여러 가지 스포츠도 심심풀이 오징어나 땅콩이 될 것이다. 그뿐이랴, 술도 있고 고스톱 판도 있다. 기차 안도 마찬가지이다. 열차에 오르자마자 잠이 드는 사람, 창밖만 내내 바라보고 있는 사람, 책을 펴든 사람, 귀에 이어폰을 꽂은 사람, 쉴 사이 없이 옆 사람과 이야기를 나누는 사람……. 그 가운데 자기가 어느 쪽을 선택하여 동행으로 삼느냐 하는 것이 바로, 행선지도 같고, 같은 시간대의 열차를 탔으면서도 각기 인생의 크기나 모양이 달라지는 이유와 원인이 되는 것, 바로 그런 것일 것이다. 그러나 크기나 모양이 어떠하든 우리는 모두 내일을 향하여 어제를 출발한 열차에 동승한 서로서로의 동행자인 셈이다.

유난히 몸이 무겁게 느껴지거나 개운치 못한 날이면, 억지로라도 시간을 내어 운동을 하러 간다. 시원찮은 몸의 상태는 쉽게 나를 우울한 상념 속으로 빠트리고 나는 그것을 무척 겁내기 때문이다. 내가 주로 하는 운동이란 조깅 트랙이나 기계 위에서 삼십여 분을 달리는 것이다.

그날도 느지막하게 그곳에 도착하여 기계 위에 올라서서 호흡을 가다듬고 잠시 걷다가 뛰기 시작하였다. 항상 처음 1킬로미터 남짓을 뛰었을 때 약간의 고비가 있다. 그때만 지나면 몸이 가뿐해져 3킬로미터 정도는 쉽게 뛸 수가 있다. 그러나 웬일인지 그 날은 그렇질 못했다. 달리기를 시작하자마자 아무래도 오늘은 안 될 것만 같은 예감에 들었다. 어딘가 몸에 단단히 이상이 생긴 것만 같았다. 까만 바탕에 영롱한 초록색으로 빛을 발하고 있는 계기판의 숫자는 1킬로미터에도 훨씬 미치지 못하고 있었다. 그만 둘까 하고 머뭇거리고 있을 때 바로 옆의 기계 위에 남자가 하나 올라섰다. 그리고 그도 잠시 워밍업을 하더니 달리기 시작하였다. 그가 뛰자 그 리듬감은 곧바로 바로 옆자리의 내게로 전해왔다. 그러자 조금 전까지 헉헉대며, 오늘은 도저히 안 될 것만 같아 기계에서 막 내려오려고 했던 마음은 감쪽같이 사라지고, 몸이 가벼워져서 계속 뛸 수가 있었다. 그렇게 해서 매번 하던 운동량을 쉽게 끝낼 수 있었다. 물을 덮어쓴 듯이 흐르는 땀을 닦으며 기계 위에서 내려서다가 나는 나도 모르게 옆의 기계 쪽을 향해 꾸벅 하고 인사를 했다. 그가 알아차릴 리는 없을 터이지만, 저절로 나온 고마움의 표시였다. 같은 목적을 가지고 같은 길을 가는 사람이 곁에 있다는 것은 행복한 일이다. 그것은 큰 위안이며 힘이다.

그리고 보면 짧은 시간이냐, 긴 시간이냐 하는 것에 차이가 있을 뿐, 살아간다는 것은 끊임없이 동행을 구하고 또 만나는 일인지도 모르겠다. 누구라도 때로는 나의 힘이 될 수가 있고, 나 또한 어느 순간에는 어느 이름 모를 사람의 힘이 될 수도 있지 않겠는가. 조금쯤 사는 일이 재미없다고 느껴지는 날, 내가 누군가의 괜찮은 동행이 될 수도 있다는 것을 생각하자. 생각만으로도 신명나는 일, 살맛나는 일이 될 것이다.

어디선가에서, 누구인가의 괜찮은 동행자가 되기를 꿈꾸어 본다.

(1991년)

길들이기

개와 고양이를 구별도 하지 못했다고 지금도 걸핏하면 아이가 나를 놀린다.

"이상하게 생긴 개도 많고, 고양이 같이 생기지 않은 고양이가 많으니까 그렇지."

억지를 부리기는 하지만 사실 그건 맞는 말이다.

친구 집에 갔다가 그 집 강아지가 앙살맞게 짖으며 달려 나오면, 난 그 강아지는 물론이요 그놈을 귀여워하는 친구도 미웠다. 길을 가다가도 개나 고양이가 어슬렁거리고 있으면 멀찌감치 돌아서 갔다. 그렇게 싫어하다 보니 싫어하는 것으로 끝나지 않고, 나는 그만큼 동물에 대해서 무지한 사람이 되었다.

누구를 닮았는지 유난히 동물을 좋아하는 아이가 어렸을 때는 동물을 키우겠다고 떼를 써서 실랑이를 많이 했다. 강아지를 키우게 해 달라고 조르는 아이에게 몇 년 동안이나 이 구실 저 구실을 갖다 대며 들은 척을 하지 않았다. 그런데 아이가 초등학교 3학년이 된 어느 날, 아이가 저토록 원하는 것을 무턱대고 막을 권리가 내게 있는 것인가 하는 생각이 문득 들었다. 큰 인심이라도 쓰듯 나는 아이를 앞세우고 충무로 대한극장 옆에 즐비하게 늘어서 있는 애완동물 가게로 갔다. 가긴 했지만, 우리 안에서 꼬물꼬물 대고 있는 그놈들에게 막상 난 가까이 가지를 못했다. 아이 등 뒤에서 숨듯이 하고 반 시간여를 따라 다녔다. 그러나 손으로 만져보기는커녕 옆에 다가오는 것도 참을 수 없어 어머나! 하고 저만치 뒷걸음질을 치게 되었다. 한 시간 남짓 끝에 결국 나는 거부의 손사래를 치고 말았다. 아이는 눈물을 뚝뚝 흘리고 남편은 불같이 화를 내었다. 그래도 난 굳세게 고집을 꺾지 않았다.

그 후로, 아이는 더 이상 조르지 않았다. 그러나 어미 된 마음에 가슴 언저리에는 늘 안쓰러운 생각이 자리를 하고 있었다. 기회가 있을 때마다 무슨 큰 선심이라도 쓰듯 동물원에 데리고 가서 작은 동물들을 마음껏 만질 수 있도록 하면서, 난 그것으로 아이에게 진 빚을 조금이라도 갚으려 했다. 그렇게 세월이 흘렀다. 그리고 대학을 졸업한 아이가 공부를 하러 멀리 떠났다가, 3년 만에 집으로 돌아온 어느 날이었다.

"태어난 지 3개월 된 새끼 고양이를 키울 사람이 없어 후배

하나가 애를 태우고 있는데 입양해 오면 안 될까요?"

이제는 다 큰 아이가 조심스럽게 내게 다시 이야기를 꺼내는 것이었다. 내 나이 탓이었는지, 이십여 년이나 삭히고 묵힌 아이의 마음속 바람을 뿌리칠 용기가 이미 내게는 없었다. 라식 수술을 받고 눈에 안대를 댄 채 집에 누워 있는 아이를 대신하여 남편과 내가 고양이를 맞이하러 갔다. 여전히 동물을 만지지도 못하는 내가 운전을 하겠다고 자청했다. 남편이 케이지 안에 들어 있는 작은 고양이를 받아 들었다. 자동차에 태우자 놈은 내 혼이 달아날 정도로 막무가내로 울어 젖히며 케이지 안에서 버둥대었다. 어떻게 왔는지도 모르는 채 집에 도착했다. 그렇게 그 놈은 우리 가족이 되었다. 그리고 이제 6년이 넘어 흘렀다.

어제 오후, 외출에서 막 돌아와 현관에 들어서는데 놈이 내 발 앞에 홀라당 드러누워 빤히 나를 쳐다보며 '야옹'하는 것이었다. 먼저 쓰다듬어 주고 들어오라는 명령이다. 놈의 채근에 못 이겨 외출복도 벗지 못한 채 머리를 쓰다듬자 놈은 한동안 가르랑 가르랑하며 눈을 게슴츠레 감고 있었다. 그리고 한참 만에야 이제 됐다는 듯 일어서더니 솜방망이 같은 발로 내 정강이를 툭툭 치며 따라다녔다.

그런데 옷을 벗다가 나는 문득 생각나는 것이 있었다. 이놈이 내게 엄청난 짓을 하고 있구나 하는 자각이었다. 돌아서면 금세 잊어버릴 만큼의 짧은 순간이긴 하지만, 이놈을 쓰다듬어 줄 때마다 잠시일지언정 매번 가슴께에 웃음기를 머금은 봄볕 같은 바람이 살랑살랑 나를 훑고 지나간다는 느낌이었다. 짧은 순간이기는 하지만 그 웃음기가 내 혈관 속에 끼어 있는 찌든 찌꺼기를 조금씩 훑어 내가고 있는 느낌이 든 것이다.

이제는 뒷산을 오르다가도, 또는 길을 가다가도 꼬리를 팔랑팔랑 흔들며 주인을 따라 가는 강아지를 보면 그냥 지나치지를 못한다. 말을 한 마디라도 붙여야만 직성이 풀리고, 저만치 피해 돌아가기는커녕 가까이 다가가 일부러 길을 막고 서 있다가 만져도 보고 싶어 한다. 담장 밑으로 꾀죄죄한 고양이 한 마리가 어슬렁어슬렁 지나가는 것이 보이면 걸음을 멈추고, 야! 임마, 어디가니? 라는 말이라도 해야 한다. 거들떠도 보지 않고 놀라지도 않고 냉정하게, 그저 제가 가던 길을 어슬렁 어슬렁 가고 있는 그놈들에게 매번 두시를 당해도, 그러거나 말거나 그때마다 다시금 미소가 가슴 속을 한바탕 휘돌아 지나간다.

이것이 착각인지, 핑계인지 모르겠다. 여하튼 조그만 고양이 한 마리가 날 길들이고 있는 것만은 분명하다.

(2008년)

카페 〈봉 보아야쥬〉

길 한쪽 구석에 수줍게 입을 가리고 반쯤 돌아선 모습으로 서 있는 간판에 김이 모락모락 오르는 찻잔 하나가 그려져 있었다. 날이 어두워져 거기에 불이라도 들어오면 더욱 운치를 드러낼 것 같다. 나는 말 잘 듣는 아이처럼 약간 비껴 돌아서있는 그 간판이 이끄는 대로 뜰을 몇 걸음 걸어 들어갔다. 앞쪽에 〈카페 봉 보아야쥬 Café Bon Voyage〉라고 쓴 작은 문이 있었다.

문을 열고 들어서자 진한 커피 내음이 먼저 인사를 했다. 그리고 맨 먼저 눈에 들어온 것은 홀 중앙에서 혼곤히 잠에 빠져 있는 비글beagle 한 마리였다. 그것도 으레 있을 법하게 의자나 탁자 밑에서 주인이나 손님의 눈치를 보며 잠을 자고 있는 것이 아니었다. '이 카페의 주인은 바로 이 몸이올시다. 잠을 방해하지 마시오!'라는 듯이, 보기에도 푹신해 보이는 제 침대 속 얼룩무늬 담요 위에서였다. '응?' 하는 심정으로 자연히 실내를 다시 둘러보게 되었다. 내 개념 속에 자리 잡은 커피숍이라는 인상보다는 작은 바bar의 모습이었다. 영화 속의 잘생긴 배우가 혼자서 문을 턱 밀고 들어와 의자에 가볍게 걸터앉으며 카운터 너머로 "늘 하던 것, 한 잔!" 하며 멋들어진 폼을 잡던 외국영화에서 흔히 보던 그런 장면을 연상시키는 구조였다. 카운터 앞쪽으로 일인용 의자 네댓 개가 나란히 있고, 그 너머에 카운터와 나란히 커피 끓이는 기계와 찬장, 수도꼭지와 개수대, 찻잔 등이 있었다. 그 앞에 아주 자그마한 여자가 서 있었다. 그녀의 등 뒤 안쪽으로 덩치가 커다란 구릿빛 커피 볶는 기계가 면적의 거의 반을 차지하고 있는 허름한 공간이 보이고, 그 언저리에서 키 작은 노인 한 분이 느릿느릿 무슨 일인가를 하고 있는 게 보였다. 왜인지, 순간적으로 난 그들이 부녀간이라고 단정지었다. 느낌이 영락없이 그랬다. 나머지 가게 안에는 한쪽에 마주 앉는 이인용의 네모난 탁자가 두 개 있었고 커피 볶는 기계가 놓인 쪽으로 원탁 테이블이 하나 있었다. 가게는 카운터 좌석을 포함해 열두어 명이 앉으면 꽉 들어차는 넓이였다. 탁자도 작았고 의자도 주인여자도, 공간도 아주 작았다.

카운터 앞 의자에 앉아 커피 한잔을 주문하고 다시금 찬찬히 실내를 둘러보다가 나는 다시 한 번 '응?'하는 심정이 되었다. 출입문이 정면으로 바라다 보이는 벽에 커다란 비글 사진이 걸려 있었다. 고급스러운 안락의자에 떡하니 혼자 정좌를 하고 앉아 나와 눈을 똑바로 마주치고 있는 고급 액자 속의 비글이었다. 이건 분명 대저택의 거실 중앙에 위엄있게 걸려 있는 훌륭한 주인의 사진이었다. 말을 하지 않아도 '내가 이 집 주인이라오'라는 말을 하고 있는 그런 사진이다. 시선이 자연스럽게 홀 중앙, 제 침대 위에서 잠을 자고 있던 비글로 옮겨가게 되었다. 언제 깨었는지, 그 놈은 내 존재 같은 건 전혀 아랑곳하지 않고, 담요를 이리저리 뭉쳤다 풀었다 하는 일에 열중해 있었다. 여간해서 그 일은 끝이 나지 않았다. 참지 못하고 내가, "재가 뭘 하는 거예요?"하고 주인여자에게 물었더니, "지 잠자리를 만드는 중이에요"라는 대답이었다. 비글의 잠자리 만들기는 그러고도 한동안을 더 계속되다가 겨우 끝이 났다. 그리고 그는 잠자리에 머리를 박고 다시 편안한 듯 잠이 들었다. 주위에 눈길 한 번 주지 않았다. 그놈 눈에 나는 완전히 있어도 없는 사람이었다.

그제서야 나는 커피 한 모금을 넘겼다. 그러자 문득, 지금 이 공간 안에는 비글도 여주인도, 저 작은 노인도 그리고 손님인 나도 모두 같은 선 위에 있다는 생각이 들었다. 우린 같은 인간이거나 아니면 같은 동물로서 평등하게 섞여 살고 있는 나라에 와 있는 느낌이었다.

그때 찻집의 문이 열리고 허름한 차림의 남자 하나가 들어왔다. 같은 마을 사람인 듯, 친숙한 몸짓으로 카운터 의자에 걸터앉으며 영화 속 주인공이 카운터 너머로 위스키 한 잔을 주문하듯, 차 한 잔을 주문했다. 그리고 찻잔을 앞에 놓고 주인과 작은 목소리로 이야기를 하기 시작했다. 우리가 만들어 놓은 공간 속에 그도 아무렇지도 않게 섞여 형체도 없이 녹아들었다. 특별한 색깔도 없는 안온함 속으로.

지난 달 초, 일본 큐슈의 시골 유후인由布院이라는 곳에 딸과 함께 여행을 갔었다. 후쿠오카 비행장에서 시골행 버스를 타고 두어 시간을 달렸다. 깊은 골짜기를 저 아래로 내려다보며 버스는 구불구불 올라갔다. 기다리는 이가 아무도 없는데도 버스는 정거장마다 어김없이 멈추어 서서 문을 열었다가 닫으며, 또 그때마다 꼬박꼬박 출발한다는 방송을 했다. 벼랑 같은 산길을 느릿느릿 돌고 또 돌았다. 기실, 유후인이라는 곳은 특별히 볼 것이 있는 곳이 아니다. 느릿느릿 산책삼아 걸어도 반나절이면 시내 한 바퀴를 다 돌 수 있는 아주 작고 조용한 고장이다. 일본 시골에서 며칠이라도 지내고 싶어 노래를 부르던 차에, 이곳에는 작은 여관도 대부분 집에 노천온천을 가지고 있다는 말을 듣고 두말 할 것도 없이 딸을 꼬드겨 가방을 꾸렸다.

그리고 도착한 이튿날 아침 산책길에서 우리는 비글 한 마리를 만났다. 자그마한 여자가 동행을 하고 있었다. 앞서 가던 그 놈이 골목 안 나무 밑으로 가더니 뭔가 수상쩍은 포즈를 하자, 여자는 재빨리 들고 있던 비닐봉지가 매달린 막대기를 녀석의 엉덩이에 갖다 대었다.

"쟤는 신경이 아주 무딘가 보다, 저렇게 하고도 볼 일을 볼 수 있으니."

우린 완전히 그를 사람에게 대입해놓고 마주 웃었다. 그런데 그 녀석이 〈카페 봉 보아야쥬〉 중앙 벽의 화려한 사진틀 속에서 잘난 체하는 표정으로 앉아 있었던 것이다. 어쩐지 그가 검은 정장에 나비넥타이를 하고 있었던 것 같기도 하다. 내가 미처 깨닫기도 전에 우린 모두 이미 같은 세상에서 살고 있었던 셈이다.

'봉 보아야쥬' 말 그대로 즐거운 여행이었다.

(2008년)

형광등

걸핏하면 그들은 나를 '형광등'이라고 부르고 싶어 한다. 그들이란 다름 아닌 남편과 딸이다. 물론 이제껏 그들이 '형광등'이라는 단어 그 자체를 내 앞에서 입에 직접 올린 적은 없다. 아내를, 또는 엄마를 차마 그렇게 부르지 못하는 것은 겉으로 보기보다는 약한 그들의 마음 탓이거나, 아니면 도망갈 구멍을 두고 쥐를 쫓을 때처럼 나에게 최소한의 멀건 대접이나마 해주기 위해서일 것이다.

'센스가 느린 사람, 아둔한 사람'을 지칭하는 말로서 사람들의 머릿속이나 이 세상 공기 속에 널리 퍼져 있는 '형광등'이라는 단어를 쓰는 대신 그들은 친절하게도 설명 조로 '반응이 느리다' 라는 우회적인 표현을 쓴다. 그러나 여섯 글자로 된 그 말을 나는 언제나 '형광등' 이라는 세 글자로 줄여서 듣곤 한다.

그것은 딱 부러지게 왜라고 설명할 수가 없는, 그저 습관적인 반응이다. 그러나 이상한 것은, 조그만 일에도 비교적 쉽게 상처를 받곤 하는 내가 그들의 그 말에는 기분이 크게 상하지 않는 일이다. 그뿐인가, 자신의 일을 객관화시키는 일에는 완전히 빵점짜리인 내가, 그 말을 들을 때는 마치 제삼자의 이야기를 들을 때처럼 그들과 한통속이 되어 함께 실실 웃기까지 한다.

남편은 직업상 해외여행이 잦은 편이다. 그가 며칠 만에 집에 돌아올 때면 그의 가방 속에는 늘 내게 줄 것이 무엇인가 한두 개 들어 있다. 머플러 한 장이라든지 분첩 하나, 이상하게 생긴 동전 지갑, 몇 장의 그림엽서와 한두 권의 책, 대강 그런 것들이 그가 갔던 행선지에 따라 그의 가방 속에서 나오는 단골 품목들이다. 때로는 남편이 평상시보다 유별나게 큰 소리로 "여보, 이거 당신 선물이야." 하며 내미는 것도 있다. 목소리가 클수록 실속은 별로 없는 법, 일회용 소모품으로 호텔에 비치되어 있는 여자용 샤워 캡 같은 것을 내밀며 굉장한 선물을 안겨주듯 시침을 뚝 떼는 것이다. 그럴 때 그는 "당신이 이런 것 좋아하는 거 내 다 알아. 내가 이 얼마나 신통하노." 라는, 경상도 억양을 쓰는 초등학생 얼굴이 된다. 언젠가 내가 여행지 호텔에서 쓰던 것이 마음에 들어 집에까지 가지고 와서 두고두고 쓰는 것을 본 이후의 일이다.

딸아이의 경우도 또한 그렇다. 선물이라는 것을 주는 것에도, 받는 것에도 서툰 나와는 달리 아이는 제가 받을 선물을 여축없이 챙기는 것은 물론, 주는 것에도 아주 곰살맞다. 무슨 이름이 붙은 날에는 말할 것도 없고 종종, '그냥 엄마가 좋아할 것 같아서'라고 하며 이런저런 자질구레한 것들을 내 앞에 내놓기를 좋아한다. 한두 송이 백합이나 오렌지 빛 나리꽃, 초콜릿 한 개, 군밤 몇 톨, 뻥튀기 과자 한 봉지, 주로 그런 것들이다.

그러나 남편에게나 아이에게서 뭔가를 받아 들 때 난 늘 어색해서, 그저 희미하게 조금 웃을 뿐 환성을 지르지도 못하고 '고마워' 라는 간단한 말도 하지 못한다. 뒤 유리창에 '완전초보' 라고 붙인 운전 초년병처럼, 그런 일에 난 늘 어릿어릿해 한다. 그런 나를 보고 처음에는 맥이 빠져, 바람 빠진 풍선 같은 표정을 짓곤 하던 그들도 이젠 으레 그러려니 한다. 그들인들 어쩌랴, 나라는 사람은 무엇인가를 '내 것'이라고 건네받아도, 그것이 진정 내 것으로 내 마음속에 자리를 잡기까지 시간이 걸리는 사람인 것을. 물건이라면 실컷 써 보고 난 후, 고운 때가 살짝 묻었을 때쯤에야 비로소 '참 좋다'하고 느낀다. 그런가 하면 때로는 몇 달이 지나, 그들에게서는 이미 시효가 일찌감치 끝나버린 시점에 와서 느닷없이 이야기를 꺼내 그들을 어리둥절하게 만들기도 한다. 사다 준 꽃은 꽃병에 꽂아 놓고 반나절 혹은 하루쯤 지난 후에 "향기도 좋고 이쁘다 그치?" 한다. 함께 갔던 영화나 음악회에 관해서도 며칠이 지난 후에야 비로소 이러쿵저러쿵 이야기를 한다. 이미 그들 마음속에서는 상미기간이 훨씬 지난 후이다. 그럴 때마다 남편은 식어빠진 죽 그릇을 앞에 놓은 사람처럼 시들한 목소리로 "느이 엄마는 반응이 느린 사람이야." 한다.

아이 방 책상 위의 스탠드에 불이 켜 있기에 끄려고 손을 가까이 댔더니 손이 닿기도 전에 불이 저절로 꺼졌다. 이상해서 다시 손을 가까이 가져갔더니 다시 불이 켜지는 것이었다. 잠이 든 줄 알았던 아이가 깔깔 웃으며 엄마가 그렇게 놀랄 줄 알았지 하는 표정으로 "그건 센서가 하는 거예요." 했다. 그러고 보니 백화점의 가전제품 코너에도 그런 이름을 내건 것 투성이였다. 무슨 센서 부착이라는 말은 신개발품이라는 것의 다른 이름이라고 나는 받아들였다.

매일같이 달라지는 이런 것들에 익숙해지기 위해 난 또 얼마나 뜸을 들여야 할 것인가. 이런 것들에 익숙해지려고 허덕허덕하다가, '여유'라든가 '쉼표'라든가 '여백'이라든가 하는, 내가 별 이유 없이 편애하고 소중히 여기는 이런 말들을 영영 잊어버리게 되는 것이나 아닐지 모르겠다.

두 손을 가지고 있어도 쓸 일이 점점 적어지고, '센스' 라든지 '감각' 이라는 어휘들이 '성실' 이나 '무던' 이라는 말들의 윗자리를 차지해 가고 있는 세상 속에서 나와 같은 형광등형인 사람이 그래도 참 용케도 살아가고 있구나 하는 생각을 자주 한다.

(1991년)

낮에 나온 반달

한계령을 굽이굽이 돌아 내려온 버스는 무거운 짐 한 덩이를 풀썩 땅에 부리듯, 그렇게 우리를 정류장에 내려놓고 부~웅 소리를 내며 가볍게 떠나갔다. 오색 시외버스 정거장. 언니네 부부와 우리 둘, 이렇게 넷이 설악산 대청봉을 오르기 위해 아침 일찍 서울을 떠났다. 내설악 산자락으로 구불구불 이어진 아스팔트길은 쏟아지는 6월 중순의 뜨거운 햇살로 눈이 부시도록 하얗게 빛이 나고 있었다. 그 뜨거운 햇빛 한 가운데 내려선 순간, 나는 몇 시간 전의 그 용기백배하던 기분과는 전혀 다른 느낌, 왠지 버려진 듯한 느낌이 드는 것을 숨길 수가 없었다. 눈앞에 다가선 무심한 듯한 대청봉의 얼굴이 내게 가한 일종의 불안감이었을 것이다. 아니 어쩌면, 장시간 버스에 시달린 때문인지, 눈을 바로 뜰 수 없을 만큼 강한 햇빛 때문이었는지도 잘 알 수 없었다. "당신은 할 수 있어."라는 남편의 말 한마디에 앞뒤를 잘 생각해 보지도 않고 선뜻 배낭을 메고 따라 나선 내가 무모한 것이 아니었을까 하는 회의도 들었다.

이 더위 속에 정말로 대청봉을 올라갈 수 있을 것인가. 게다가 우린 모두 만만치가 않은 나이이다. 평균나이가 오십 중반이니, 열 시간이 훨씬 넘을 것이라는 산행을 하기엔 고령이라면 고령이다. 그러나 어쨌거나 이미 떠나온 길, 이제 와서 이러쿵저러쿵 해봐야 눈썹 하나 꿈쩍할 남편이 아니다. 거기다 대고 이런저런 구실을 붙여 보았자 헛수고요, 종내는 밑지는 장사가 될 것은 삼십 년에 가까운 경험으로 보아 분명한지라, 나는 입을 꾹 다물고 모자를 꺼내어 머리에 푹 눌러썼다.

이번 산행은 이른 새벽 오색에서 출발하여 대청봉을 지나 회운각 대피소와 양폭 폭포를 거쳐 해가 지기 전에 설악동으로 내려가는 코스이다. 컴퍼스와 줄자를 가지고 계산하는 공대 출신 형부는 평소 우리의 산행 수준으로 보아 열네 시간은 족히 걸릴 것이라고 했고, 낭만파 기질에 이상주의자인 남편은 열 시간이면 충분할 것이라는 이상론을 폈다. 결과는 두고 볼 일이다. 우리는 우선 입구의 안내소에 들러서 이것저것 정보를 얻은 후에, 내일 아침 새벽 다섯 시부터 산행을 시작하기로 결정을 했다.

숙소를 정해 놓고 이번 산행의 팀장격인 형부의 제안에 따라 우리는 내일을 위한 워밍업에 들어갔다. 오색 약수터를 지나 1킬로미터 정도 떨어진 거리에 있는 '성국사'라는 절터까지 다녀오면서 다리를 일단 풀어야 한다는 계획이었다. 여관방 구석에 배낭을 풀어 던져놓고 숲길로 들어섰다. 편한 옷에 튼튼한 등산화, 거기다 등짐을 내려놓고 양손에 든 것도 아무것도 없으니 그야말로 홀가분하기 이를 데 없다. 저절로 두 팔을 앞뒤로 힘껏 휘두르며 휘휘 걷게 되었다. 비로소 열서너 시간의 산행쯤 문제가 될 것이 없을 것 같이 느껴졌다. 그리고 얼마 가지 않아, 나는 방안에 풀어놓고 온 것이 등에 짊어졌던 배낭뿐이 아니라는 것을 알게 되었다. 조금 전까지 불안 불안했던 마음 자락과 서울에 훌쩍 내려놓지 못하고 배낭과 함께 등에 짊어지고 왔던 내 일상에 얽힌 그림자들도 모두 함께 내려놓고 왔다는 것을 깨닫게 되었다고나 할까.

오색 약수터를 지나 한 쪽으로 계곡을 끼고 숲 속으로 이어진 길은 나무 그림자만 한가롭게 누워 있을 뿐 6월의 녹음 아래 텅 비어 있었다. 그 휑한 공간 속에 눈에 보이는 것이라고는 바람 따라 휘휘 늘어지는 나뭇가지들의 몸짓, 발끝에 채는 초록 풀잎에서 느껴지는 작은 떨림들, 투명하게 맑은 계곡의 물속에 잠겨 있는 6월의 하늘, 그 푸른 하늘 속에 얼핏얼핏 스쳐가는 구름 조각들. 많은 세월 동안 내가 잊고 살아온 그런 것들이 여전히 거기에서 숨을 쉬며 살아 있었다. 그런 것들을 까맣게 잊고 나는 얄팍한 내 통장을 들여다보며, '난 너무 초라해!

난 너무 추워!' 하며 늘 어깨를 움츠린 채 볼멘 표정으로 살지 않았던가 하는 깨달음 같기도 한 생각이 가슴을 파고들었다. 숲 속으로 난 길에는 앞서가는 사람의 기름진 뒤통수도 보이지 않았다. 뒤를 따라오며 떠다밀듯 걸음을 재촉하는 이도 없고, 내가 살아온 세월의 무게를 다는 추錘도, 골밀도骨密度를 측정할 기계도 없었다. 나무 사이를 아무리 헤쳐 보아도 보이는 것은 오직 하늘과 바람과 나무들뿐이었다.

"이쪽으로 내려와서 이 물 한 모금만 마셔 봐!"

어느 틈에 내려갔는지 언니의 목소리가 계곡 아래서 나를 불렀다. 웃으며 건네준 바가지를 받아 꿀꺽꿀꺽 물을 들이키다가 무심코 하늘을 보던 나는 나도 모르게 탄성을 질렀다.

"저것 좀 봐. 반달이야, 반달! 낮에 나온 반달이야!"

동요 속에 있던 낮에 나온 반달이 저만치 열린 푸른 하늘가에 선명하게 걸려 있는 것이었다.

"낮에 나 ~ 온 바 ~ 안 달은 하아 ~ 얀 바 ~ 안달은 해 ~ 엔님이 쓰다버린 쪼 ~ 옥박인가요……"

누구인가 먼저 노래를 시작하였다. 그리고 노랫소리는 금세 합창으로 변해서 계곡 속으로 퍼져갔다. 계곡을 흐르는 물소리는 교실에서 크게 울리던 풍금소리였다. 주름진 얼굴도 그 속에 묻혀 흘러갔고, 쉰 목소리도 물소리와 함께 쓸려 흘러갔다. 낮에 나온 반달은 우리에게 있어서 세월의 강을 건너는 거룻배였다. 우리는 그 배에 훌쩍 올라타서 40여 년의 세월을 쉽게 건너갔다. 더구나 옆에는 함께 자란 두 살 터울의 언니가 있었다. 기억의 공유 면적이 클 수밖에 없고, 그리고 그것이 굉장한 몫을 했다. 우리는 쉽게 유년의 땅, 그 평화롭고 욕심 없던 열두어 살로 돌아갔다. 거기에서 나는 이미 이 세상에는 계시지 않는 젊으신 어머니의 얼굴도 만날 수가 있었고, 근시 안경 너머로 늘 말없이 바라보시던 아버지도 뵐 수가 있었다. 까까중머리의 오빠들, 그리고 재작년에 먼저 저 세상으로 간 막내 동생도 만날 수 있었다. 진한 그리움들이 아릿하게 가슴을 파고들었다.

밖에서 저녁식사를 끝나고 여관으로 돌아왔지만, 우리는 여전히 세월의 강 저쪽에 머물러 있었다. 아무도 되돌아오는 배에 타려고 하지 않았다. 저녁을 먹으며 곁들인 맥주 한 잔이 세월의 강 저쪽에 머물 수 있는 당당한 숙박권이 되었다. 여관방에 여덟 개의 다리를 나란히 뻗고 벽을 기대고 앉아, 우리는 앞 다투어 머릿속에서 중고등학교 음악 책의 페이지를 넘기고 또 넘겼다. 〈올드 블랙 조〉도 나오고 "우 ~ 울 밑에 귀뚜라미 우~ 울던 다 ~ 알 밤에"도 나왔다. 〈오 수잔나〉, 〈켄터기 옛집〉, 〈로렐라이 언덕〉이 가사가 서로 뒤바뀌기도 하고, 상처가 많은 레코드판을 얹은 것처럼 껑충껑충 소절이 뛰어가기도 하면서 이어졌다. 그러나 아무도 그런 것을 꼬치꼬치 따지거나 수정하지 않았다. 그런 것은 이미 아무런 문제가 아니었다.

지금 생각해 보면 늦은 밤까지 여관방에 울려 퍼진 노래는 차라리 주문呪文이 아니었는지 모르겠다. 큰 의식을 앞에 두고 기원을 드리듯 모여 앉아 부르는 노래들, 주문呪文들. 그날 밤, 나는 무엇을 위해 그토록 열심히 주문을 왼 것이었을까. 산행을 무사히 마치게 해 달라는 주문만은 아니었을 것이라는 느낌이 두고두고 마음속에 맴돈다. 지금도 주문을 외던 그 소중했던 기억이 가슴에 남아 있어 가끔은 주문을 외고 또 외고 싶을 때가 있다.

마침내 열두시간 만에 무사히 내설악으로 내려오자, 어디까지나 보호자를 자처하던 남편이 "장하다!" 라고 새긴 메달을 만들어 주겠다고 말로 헹가래를 쳤다. 그러나 그것으로 끝냈으면 좋으련만, 언니가 산을 거의 다 내려왔을 때 얼굴이 하얗게 되어 애를 먹은 것을 생각해 내고는 '장하다!'에서 굳이 점 하나를 빼고 '장하디!' 라고 새겨 넣어야겠다고 쩨쩨하게 말했다.

(1996년)

인간의 품격

참새가 방앗간을 그냥 지나갈 수가 있는가, 큐슈의 유후인(由布院)에서 돌아온 날, 서점을 찾아 후쿠오카의 밤거리로 나갔다.

좋아하는 작가들 이름이 붙어 있는 선반 앞으로 다가가서 선반에 꽂혀 있는 책들의 제목을 훑어가며 혹시라도 그동안 빠트리고 읽지 않은 흥미로운 것이 없나 싶어 찬찬히 살폈다. 그런데 한 코너를 돌아가려는데 중간 지점에 놓인 신간서적 판매대 위에 엄청나게 쌓인 하나의 책이 눈길을 잡았다. 아니 책이 눈길을 잡았다고 하기보다 그 제목이 나를 끌어당겼다는 표현이 옳을 것이다. ≪여성의 품격≫이었다. 거기엔 '베스트셀러'라는 딱지도 붙어 있었다.

'품격', 그것도 '여성의 품격'이라는 것을 이렇게 큰 소리로 말할 수 있는 사람은 도대체 어떤 사람일까, 나는 그것이 먼저 궁금했다. 이런 제목의 책이 많이 팔리고 있다는 것도 충격이라면 충격이었다. 저자는 부드러운 표정의 반도 마리코(坂東眞理子)라는 여성이었다. 그 앞에 서서 몇 장을 넘겨보다가, 첫 몇 줄에서 그야말로 필feel이 꽂혀, 더 볼 것도 없이 집어 들고 돌아왔다.

"인간의 품격이란 신이나 부처님 등 인간을 초월한 존재 something great 의 눈으로 보았을 때 부끄럽지 않다고 단언할 수 있는 행동을 하는 것이 기본이 된다"

'초월한 존재의 눈으로 보았을 때 부끄럽지 않은 행동', 말로는 쉽게 할 수 있는 이야기일 수도 있지만, 행동으로는 그렇게 쉽게 할 수 있는 게 아닐 터인데, 도대체 어떤 이야기를 풀어 놓았을까 궁금하기 짝이 없었다. 대략 파악한 그의 요지는 다음과 같았다.

부정적인 말을 하지 않으며 거친 말을 쓰지 말자, 유행에 쉽게 뛰어들지 않으며 늘 자세를 똑바로 바르게 하자. 몸에 군살이 붙지 않도록 신경을 쓰며 늘 긴장하며 살자. 길거리에서 공짜로 나누어 준다고, 필요하지도 않으면서 무조건 손을 내밀어 받지 않도록 하자. 인기가 있는 사람 옆에 찰싹 붙지 말자. 이해관계가 없는 사람에게도 늘 정중히 대하도록 노력하자. 끼리끼리만 무리를 짓는 일은 자칫 천해 보일 수 있으므로 삼가며, 성이 나는 것을 얼굴에 금방 나타내지 말자. 가족에 대한 것은 물론 친구나 지인에 관한 푸념이나 좋지 않은 말을 하지 않도록 하자. 자기 자신의 수위水位를 높게 설정하고 나이에 편승된 태만함을 지니지 않도록 하자. 약속시간에 조금 늦어도 아무렇지도 않게 생각하지 않도록 하자. 남의 프라이버시를 파고들어 천착하길 즐기지 말도록 하자. 언제 어디서나 인간으로서의 기본적인 룰을 지키려고 애쓰자.

그런데 참으로 이상했다.

페이지를 한 장 한 장 넘겨가며 20년 전에 돌아가신 어머니의 얼굴이 자꾸 떠올랐다. 어머니가 구술하신 것을 마리코라는 여성이 받아 적어 놓은 것 같다는 생각이 들었다. 어머니가 내게 보여 주신 인생 교과서에 이렇다 할 첨삭도 하지 않고 저자가 책을 쓴 것 같다는 생각도 들었다.

어머니는 여전히 개정되지 않은 내 교과서이다. 그런데 어찌된 셈인지 요즈음 들어 어머니는 자꾸만 내게서 뒷걸음을 치고 계신다.

충북 청원군 오창면 선산에 묻혀계시는 내 어머니!

그런데 올해 안으로 이장을 하라는 통지가 군수 이름으로 날아왔다. 산업공단으로 개발될 예정이라고 했다.

이제 얼마나 더, 어머니는 내게서 멀어지시는 걸까?

(2008년)

당신 뭐요?

언제였는지, 기억도 까마득하지만 우리는 여럿이 모여 이런 저런 이야기를 나누고 있었다. 이야기 끝에 종교에 관한 이야기가 나오고, 한동안 이야기가 진행되는 중에 그 중의 하나가 나에게 종교가 무엇이냐고 물었다.

“어쩌다 보니 부처님도, 예수님도, 천주님도, 하다못해 잡신도 절실하게 기구의 대상으로 삼지 못하고 살고 있어요.”

나는 조금 기죽어 대답했다. 그러자 그가 뱉어 버리듯 한마디 했다.

“잘났어, 정말!”

입밖으로 뱉지는 않았지만, 그 말 뒤엔 “니까짓게 뭔데.”하는 것이 생략되었다는 것을 충분히 알 수 있었다.

그리고 지금껏 그 말은 내 의식에서 떠나지 않고 있다가 때때로 나를 두렵게 만든다.

그런데 그 말이 요즈음 들어 더욱 자주 의식의 수면 위로 떠오르고 있다. 이제야 철이 드는 것인지, 스스로의 오만함을 슬쩍슬쩍 눈치 채고 있는지 모를 일이다. 성격이 전혀 수더분하지도 못하고, 게다가 남달리 특별히 가진 것도 없으면서 왜 이런 오만이 내게서 둥지를 튼 것일까? 그리고 어째서 아직도 하늘을 찌르고 있는 것일까.

아주 오래전의 이야기이다. 30년도 더 되었을 것이다.

남편과 나는 아장아장하는 아이를 데리고 여행을 떠났다. 도고온천 쪽으로 가는 길이었다. 이야기를 하느라 그랬는지, 우린 아무도 '도로 포장 중'이라는 팻말을 보지 못했다. 아차! 했을 때, 이미 자동차는 포장 중인 도로 위에 턱하니 들어서 있었다. 어쩌겠는가, 남편은 그대로 액셀러레이터를 밟았다. 포장 중인 물렁물렁한 도로 위에 움푹하게 바퀴자국을 내며 지나가고 있는 자동차를 아저씨 한 분이 입을 쩍 벌린 채 어이없는 얼굴로 쳐다보고 있었다. 그러더니 겨우 한 마디를 했다.

"당신 뭐요?"

내 예상보다는 노기가 섞인 험한 말도, 핏대 섞인 목청도 아니었다. 그러나 그 말은 오랫동안 내 머리에 남아 있다. 그리고 살아가면서 때때로 너무나 기가 막혀 말이 나오지 않는 일이 생겨 남편과 실랑이를 할 때면 나는 곧잘 남편에게 소리쳤다.

"당신은 도대체 뭐예요?"

그런데 요즈음은 나 자신이 무엇인지 궁금하고 답답해질 때 거울속의 나를 보며 황당한 얼굴로 내게 묻는다.

"당신 뭐요?"

(2009년)

골목길

얼마 전 TV에서, 어느 외국인이 우리 산동네의 꼬불꼬불한 골목길을 너무 좋아해 자주 찾아가는 것을 방영한 적이 있다. 자동차는 물론 다닐 수도 없을뿐더러 때로는 한쪽이 비켜서야만 지나갈 수 있을 만큼 좁은 골목길을 카메라가 비추고 있었다. 좁은 길 양 옆으로 한 뼘 틈도 없이 이어진 집에는 울타리 같은 것은 보이지도 않았다. 빨래를 널어놓은 빨랫줄이 담장 대신으로 서 있는 곳도 있다. 그 외국인의 발걸음을 시선으로 따라가다가, 왜 그렇게 골목길을 좋아하는지 묻고 싶어졌다. 그러나 나는 화면 밖에 있었다. 골목길이라는 말에는 쉽게 떨쳐버릴 수 없는, 간단하게 설명할 수 없는 애잔함이 서려 있다.

'제주올레' 제1코스는 '오름'과 해안가 마을의 좁은 골목길이 적당히 섞여 있는 코스이다. 길을 안내하는 것은 오직 코발트 블루의 약간 구부러진 화살표나 노랑과 블루가 한 쌍으로 묶여 있는 리본뿐이다. 그들은 절대로 쉽게 눈에 띄지 않았다. 나무가 있는 곳에는 나뭇가지에, 없는 곳에는 전봇대에 슬며시 리본이 매어 있고, 그것도 없는 해안가 같은 곳에는 길바닥에, 그것마저도 여의치 않은 곳에는 바위 위에 숨은 듯 띄엄띄엄 파란색 화살표가 그려져 있다. 갈림길에 서면 걸음을 멈추고 일단 그 표시를 찾아야 한다. 정말로 길이 아닌 것 같은 해안 자갈밭 위를 오랫동안 걸어갈 때에도, 꾹 참고 다음 표시를 만날 때까지 앞으로 간다. 양쪽으로 무성하게 자라 있는 잡초가 종아리를 마구 할퀴는 좁은 산길을 지나가면서도 저쪽으로 나 있는 넓고 편안해 보이는 길을 곁눈으로 보며 아무래도 잘못 들어선 것이 아닌가 하는 의심이 들어도 두 발은 고집스럽게 앞으로 간다. '아무래도 이 길이 아닌가 봐' 하다가도, '아까 분명히 화살표가 이쪽으로 있었다'라는 굳은 믿음이 앞서서 나를 이끌고 간다. '믿는다는 것'이 얼마나 사람을 흔들리지 않게 잡아주는가 하는 것이 절실히 느껴졌다.

산다는 것도 이런 것이 아닐까 하는 생각을 해본다.

끝이 보이지 않는 무수한 골목길을 돌고 또 돌아 나와야만 하는 것, 그것이 바로 삶이 아닐까. 한 고비를 지나면 또 만나는 숱한 갈림길에서 내 인생을 안내하는 리본이나 파란 화살표는 그렇게 호락호락하게 눈에 띄지 않는다. 그러나 조심조심 찾아보면 어디든 틀림없이 표지가 있기는 있었다는 생각이 든다. 덤벙대다가 그것을 보지 못하고 지나친 적도 있고, 건방을 떨며 하늘만 쳐다보다가 땅바닥에 그려진 화살표를 놓치는 일도 있었을 것이다. 그러다가 때로는 막다른 골목에 잘못 들어섰다가 돌아 나오는 일도 있었고, 엉뚱한 길로 접어들었다가 억울해 하며 되돌아오는 일도 있었다. 각자의 인생올레에서 도덕이나 부모님의 가르침이 파란 리본이 된 적도 있었을 것이고 예수님이나 부처님이 화살표가 된 적도 있었을 것이다. 어느 것이든 확실한 믿음으로 받아들일 때 발걸음을 활기차게 만들고 삶을 편안하게 느긋하게 만드는 것이 아닐까.

'올레'란 제주도 말로 집에서 거릿길까지 나가는 좁은 골목길을 의미한다고 한다.

(2009년)

엽서 한 장에 실은 마음

엽서 하나

'어제 내린 빗물에 줄장미 꽃잎이 흠뻑 젖어 있는 길을 걸어 오늘 하루를 시작했습니다'로 시작되는 종이 한 장이 지난 월요일 아침 사무실의 팩스기 위에서 나를 기다리고 있었다. 글을 통해서 만난 김 여사가 보낸 것이었다.

몇 년 전, 어떤 음악회에서 우리는 처음 만났다. 그 첫 만남도 어떤 잡지에 실린 사진을 본 그녀가 나를 알아본 것이었다. 그리고 그 후, 2년이 지나도록 지금껏 한 번도 다시 만난 적이 없었는데, 오늘 아침 불현듯 내게 소식을 보내온 것이다.

'자별한 교분을 나누지는 못했지만, 늘 성원하는 우정이 여기 있음을 기억해 주시기 바랍니다'로 끝난 그 글의 마침표에서 눈을 드는 순간, 아! 6월의 햇살은 어쩜 이다지도 밝은 빛을 지녔는가, 하는 새삼스러운 느낌이 나를 휩싸 안았다. 문득 어디에선가 맑은 공기가 실내로 쏟아져 들어오는 것 같은 착각이 들기도 했다. 향긋한 향을 띤 신선한 그 공기를 가슴 한가득 들이마신 듯, 오늘 아침 그렇게 나는 새삼 살맛이 났다.

이렇다 할 큰 용건이 없이도 정이 담뿍 담긴 그런 글을 불쑥 써서 보낼 수 있는 그녀의 성품을 나는 하루 종일 부러워했다. 그리고 눈을 흘기고 싶도록 질투를 느꼈다.

엽서 둘

다른 시간에는 거의 듣지 않는 라디오에 매일 아침 9시가 되면 버릇처럼 스위치를 넣는다. 그때마다 나직나직 차분한 아나운서의 목소리가 조용한 선율이 나를 맞는다. 극히 절제된 언어로, 약간 띄엄띄엄 뜸을 들이는 듯한 아나운서의 어투에는 듣는 이를 편안하게 하고 무엇인가 생각을 하게 하는 힘이 숨어 있다고 느끼곤 했다.

오늘 아침에는 누군가가 써 보낸 엽서를 읽고 있었다. 모차르트의 바이올린 협주곡을 신청하면서 적어 보냈다는 사연이다. 나직나직한 소리를 들으며 나는 바람조차 잔 이른 봄날에 햇빛 바라기를 하러 뜰에 나와 앉아 있는 젊은 여인의 모습을 떠올렸다. 물론 그것은 엽서의 사연과는 동떨어진 내 멋대로

의 상상이었다. 그러나 그런 상상만으로도 나는 갑자기 세상이 아름다워 보여서 등줄기를 타고 따스한 것이 흐르는 느낌을 받았다. 이런 경우 엽서의 내용이 그렇게 큰 의미가 있는 것은 되지 못한다. 매끈한 문장이든 서툰 문장이든, 그런 것도 문제가 되지 않으며, 신청한 곡이 바이올린 소나타이든 피아노 협주곡이든 그런 것도 문제가 되는 것은 아니다. 그 누구인가를 향해 앉아 속마음을 한자 한자 써내려가고 있는 사람이 있는 풍경, 그 풍경 하나로 가슴이 따듯해지는 거에 충분하다고 느낀다.

이런 일들과 만날 때마다 이 세상에는 정말로 따뜻한 마음의 속 뜰을 지닌 사람들이 많이 있다는 것을 새삼 깨닫는다. 때로는 찬물을 한 바가지 뒤집어 쓴 것처럼 깜짝 놀라면서 느끼기도 한다. 그리고는 아주 작은 것에서 행복이라는 커다란 보따리를 끄집어낼 줄 아는 사람들의 재주에 감탄을 하며, 또 다시 눈이 찢어지도록 질투를 느낀다. 이제껏 나에게도, 때로는 엽서 한 장 정성스럽게 써서 마음을 전하고 싶은 귀한 순간이나 소중했던 대상이 없었으랴만, 지금껏 엽서 한 장 직접 사지 못했고, 그런 것을 보내는 일은 더더욱 하지 못했던 자신이 부끄러워진다. 그 부끄러움은 매사에 그렇게 굼뜬 나 자신에 대한 눈 흘김 같은 짓일 것이다.

엽서 셋

며칠 전, 집으로 돌아와 우편함을 열었더니 생소한 우편물이 하나 들어 있었다. 고등학생인 딸아이 앞으로 온 것이었다. 아이 앞으로 오는 것은 대부분 겉봉만 보아도 내용을 훤히 알 수 있는 새새거리는 제 친구의 편지이거나, 그맘때의 호기심이 사서 친구에게 부친 별나게 생긴 카드, 그것도 아니면 용하게 이름을 알아서 보낸 무슨 학원의 선전물이거나 시험지 등이었다. 그런데 이것은 발신인의 이름도 생소하였고 내용물도 언뜻 짐작이 가지 않는 어중간한 크기였다. 궁금하여 무심코 뜯으려다가 손에 들고 잠시 망설였다. 상식이 없는 엄마라는 소리를 듣는 것은 기분 좋은 일은 아니다. 나는 짐짓, "아침 신문 어디 있는지 아니?" 하고 물어보듯, 최대한 아무렇지도 않은 목소리로, "이 사람이 누군데?"하고 발신인의 이름이 적힌 곳을 가리켰다. 그런데 그 이름을 확인한 순간 아이가 환성을 지르며 뛸 듯이 기뻐하는 것이었다. 언젠가 제가 좋아하는 만화가에게 엽서를 써서 보냈었는데, 이제야 답장이 왔다는 것이었다. 아이가 행복해 하는 모습을 보자 나는 금세 바보 엄마가 되어 아이의 기분에 낼름 올라탔다.

"네가 지금 이런 쓸데없는 짓을 할 때냐?"

하고, 모난 소리를 하고 싶던 마음을 재빨리 등 뒤로 감추었다. 결국 아이와 이마를 맞대고 내용물을 들여다보는 꼴이 되었다. 한참을 들여다보다가, 나는 순간 아차! 하며 엄마의 자리로 돌아오려고 머리를 세게 흔들었다. 그러나 이미 엎질러진 물, 내가 할 수 있는 일은 그런 물러빠진 엄마의 마음을 아이에게 들킬세라 얼른 돌아서서 아이 방을 나와 버리는 것이었다.

방에서 나오니, 입시를 앞둔 딸아이가 짬을 내어 엽서 위에 엎드려 무언가 글을 쓰고 있는 모습이 머릿속에 떠올랐다. 무엇이라고 적고 있는지 이미 무디어진 내 감성으로야 미루어 짐작할 수는 없었지만, 그 풍경을 상상하는 것만으로도 나는 괜스레 마음이 따뜻해졌다. 좋아하는 사람을 향해 앉아 글을 쓰면서, 누구라도 거기에 미움이나 증오나 시기하는 마음을 적지는 않을 것이다. 설마하니 가서 닿기만 하여도 생채기가 나는 날이 선 칼날을 그려 넣기야 하겠는가. 바싹 다가온 아이의 입시고 뭐고, 아무 것도 생각나지 않았다. 나는 아무래도 못 말리는 엄마인가보다.

(1992년)

부부의 달인

한 TV 프로에서 〈생활의 달인〉이라는 포맷으로 각 일터에서 믿기지 않을 만큼 빠르고 정확하게 일을 처리하는 사람들을 찾아 내보내는 것을 아주 재미있게 몇 번인가 보았다.

둥근 쟁반에 펄펄 끓는 찌개 냄비와 밥, 몇 가지 반찬을 얹은 것을 5층으로 층층이 쌓아 머리 위에 이고 뛰어가듯 빠른 걸음으로 배달하고 있는 남대문 시장의 아주머니, 오토바이를 타고 가며 신문을 휙휙 던져 우체통에 넣으며 지나가는 신문 배달원, 손이 보이지 않는 속도로 빠르고 또 정확하게 봉투 붙이는 일을 하고 있는 자매들, 모두가 신기하고 신선한 감동을 주곤 하였다. 우선은 우리 주변에서 어렵지 않게 볼 수 있는 사람들이라서 감동이 더했고, 반복적이어서 지루할 수 있는 일을, 그래서 고통스러울 수도 있는 일을 즐기며 오직 더 잘하기 위해 애쓰는 모습들이 장하게 느껴져 더한 감동을 주었다.

사람의 생각이란 대개 비슷비슷한 듯하다. 그 프로가 인기가 올라가자 급기야는 '달인'이라는 이름의 개그프로까지 등장을 했다. 물론 그것은 개그프로인 만큼, '알고 보니 엉터리 달인'이라는 것으로 끝을 맺곤 했지만, 이 '알고 보니 별것도 아닌 것'으로 세간사를 비웃적거리는 것에 나도 박수를 치며 함께 크게 웃다보니, 지금껏 내게서는 하나의 단어로서만 멀찍이 존재하던 '달인'이라는 말이 생활 속에 살아 있는 언어로 내 곁에까지 바짝 다가와 있게 되었다.

그러는 차에 일본 수필을 읽다가 '부부의 달인'이라는 말을 발견하고 나도 모르게 푸후! 하고 웃음을 터트리고 말았다. 아아! '부부'라는 말에도 '달인'이라는 말을 붙이는구나.

그 말에 이끌려 글을 자세히 읽어보았다.

오랜만에 나이 든 부부가 함께 나선 여행길에서 차창 밖으로 지나치는 멋진 경치를 보며 한쪽이,

"참 아름답지요?"

했을 때는,

"정말 그렇네요, 아름다워요."

하며 즉각 맞장구를 치되, 한쪽에서 전혀 공감을 할 수 없는 것이나 인정하고 싶지 않은 것, 예를 들어서,

"저 여자 굉장히 예쁘지요?"

하고 남편이 말을 했을 때, 아내는 못들은 척 딴청을 부리며 아예 대꾸를 하지 말라는 것이다. 아무리 예뻐도 남의 여자 칭찬하는 남편이 아내의 눈에 고와 보일 리 없으므로 자연히 눈매에 날이 설 것이고, 그러다 보면 자칫 모처럼의 여행이 헛일이 되기 십상이므로 못들은 척 하는 것이 부부의 달인이 되는 첫 걸음이라고 작가는 쓰고 있었다.

나도 그럭저럭 38년 부부로 살았고, 어떻게 생각하면 반복적이고 자칫 지루할 수도 있는 세월을 그래도 나름대로 잘 해 보려고 애쓰며 고민하고 살았으니, 나도 이제 '부부의 달인' 쯤 되지 않았을까 하는 생각이 잠시 들었다.

그러고 보면 우연이라는 게 있기는 있는 모양이다. 아니면 신의 시선으로 보면 우린 모두 같은 손바닥 위, 같은 흐름 속에서 살고 있는 보잘 것 없는 작은 생물이라는 이야기인가.

(2008년)

2부

혼자 놀기

착각의 집

보석상자

자기 최면

말의 씨앗

호박에 줄긋기

나만의 빈터

아무도 위로하지 않는 나를 위하여

3월 일기

그런 대로 한 세상

혼자 놀기

"신문지 한 장만 손에 쥐어주면 그걸 가지고 꾸겼다가 폈다가 하면서 하루 종일 저 혼자 잘 놀았어. 배가 고파도 여간해서 울지를 않았지."

누군가에게 어릴 적의 나를 이야기하실 때마다 어머니는 이 한 마디를 빠뜨리지 않으셨다. 무던한 아이였다는 것을 이 말 속에 담아서 하신 것이었겠지만, 정작 본인인 나는 매번 다른 누군가가 펼쳐 놓은 그림 동화책의 한 페이지를 보는 느낌이었다. 아직 걸음마도 배우지 못한 아기 하나가 저 혼자 아무도 없는 방안에서 꾸겨진 신문지와 부스럭 부스럭 놀고 있는 그런 그림이다. '나'이면서 내가 전혀 알지 못하고 기억하지도 못하는 그런 '나'이다.

내가 기억할 수 있는 나는 늘 무언가 공상을 하면서 혼자 놀고 있는 '나'이다. 중학교를 마칠 때까지 나는 상당히 여러 번 전학을 다녔다. 그때마다 아버지의 임지를 따라 이사를 가는 트럭 위 짐들 사이에 끼어 앉아, 빠르게 뒷걸음치던 신작로와 휙휙 지나가는 산들과 하늘의 구름 떼들, 그리고 때로는 밤하늘의 별을 쳐다보며 나는 맘껏 공상을 펼치곤 했었다. 공상 속에서 난 언제나 무엇이든 잘하는 아이, 때로는 신통력까지 가지고 있는 아이로 등장했다. 그리고 그런 아이가 펼치는 상상의 나래는 끝이 없었다. 나는 늘 공상을 하며 혼자서도 잘 노는 아이였다.

공상을 하던 버릇은 집이 더 이상 이사를 다니지 않게 되고 내가 나이를 먹어가자, 이번에는 매일 밤, 잠자리에 들어 잠이 들기 전까지의 시간대로 고스란히 옮겨졌다. 무언가 하나의 이야기를 만들어 나는 그것을 라디오 연속극처럼 매일 매일 이어갔다. '가만 있어 봐, 어젯밤에는 어디에서 끝났지?'하고, 나는 또 다른 나에게 어젯밤의 마지막 장면을 물어가며 이야기를 꾸며 이어갔다. 그때까지도 지어내는 이야기 속에서 나는 능력의 한계라는 것이 없었다. 줄을 멋지게 타는 곡예사가 되어 매번 새로운 기술을 펴 보여, 아래서 가슴 졸이며 올려다보는 사람들을 조마조마하게 만들었고, 늙수그레한 집사가 천천히 아주 우아한 몸짓으로 시중을 드는 영국의 옛 성의 주인이 되기도 했으며, 어느 때인가는 발표된 한 해의 모든 신문사 신춘문예의 당선자가 알고 보니 각각 다른 이름으로 응모한

'나 혼자'가 되기도 했다. 그렇게 나는 공상과 상상 사이를 멋대로 오가며 혼자 노는 것을 즐기는 어른으로 되어 갔다.

그런데 조금 더 나이가 들면서, 어느 날인가 문득 나는 '오늘의 나'에 만족을 하지 못하고 언제나 불만을 산처럼 버겁게 껴안고 사는 또 다른 내가 자꾸 공상을 하게 만드는 것이 아닐까 하는 의구심이 들었다. 그리고 일단 그런 생각이 들기 시작하자 공상을 일삼는 나 자신이 결코 곱게 보이지 않게 되었다. 의식적으로 나는 거기에서 벗어나 눈에 보이는 '생활 속의 나'로 들어가려 애썼다. 그 무렵의 생활의 무게도 나를 한몫 거들어주었다.

그리고 지금, 나는 내 자신이 그렇게 인정하는 것은 물론이요, 주위에서도 상상력이라고는 눈곱만큼도 없는 답답한 사람이라고 부르는, 그런 부류의 대표적 사람이 되었다. 소위 SF 영화라는 것에 난 전혀 재미를 느끼지 못한다. 모두가 재미있다고 박수를 치며 2부작, 3부작을 보기 위해 몰려다니고, 유사한 영화 포스터가 신문을 도배하고 영화관 앞에 계속해서 내걸려도, 나는 여전히 흥미도 재미도 느끼지 못한다. 이 세상에서 일어날 수 있는 일이 아니라고 생각하는 것에 나는 도저히 감정이입을 하지 못하는 사람이 되었다. 그런 세월이 쌓이다 보니 나는 상상력이 필요한 세계를 이해할 수 있는 능력이 눈에 띄게 떨어져갔다. 어쩌다가 내 상상력이 가까스로 발돋움을 하여 겨우 가 닿는 것이 있어도 그것을 내 안으로 끌어당겨 내 안에서 자리를 잡게 만드는 힘이 없었다. 거기다가 한 술 더 떠서, 나는 직접 자신이 체험하지 않은 것이나 남에게서 들어 아는 것을 제 것인 양 큰 소리로 떠드는 사람들을 비뚤어진 시선으로 보며 상대조차 하지 않으려 했다.

그러면서도 한편으로는 이 시대를 사는 대부분의 사람들이 컴퓨터 화면을 바라보며 사이버 세계니 뭐니 하며 시간의 블랙홀 속으로 쉽게 들어가는 것을 부러움 섞인 경이의 눈으로 보기도 했고, 또 많은 일들이 디지털화 되어 획획 바뀌어 가는데, 나 혼자만이 아직도 아날로그 초기적 화면 속에 갇혀 있는 것이 아닌가 하는 생각에 가위 눌리듯 자주 시달리기도 했다.

그러나 지금도 여전히 나는 상상을 하며 꿈과 놀기를 좋아한다. 달라진 것이 있다면 아무리 상상 속이라고는 하지만, 이제는 조금 염치라는 것이 생겨 차마 어릴 적처럼 공중을 훨훨 날아다니지는 못한다. 내 두 발은 이미 이 땅에 너무나도 확실하게 붙어 있기 때문에 그저 내 눈이 가 닿을 만한 것에다가 주위의 눈치를 슬쩍 슬쩍 봐가며 덤 한 줌을 슬그머니 얹는, 그런 상상을 하며 꿈과 놀기를 한다.

한창 상상을 하며 꿈과 놀기를 자주 했을 때, '내 꿈의 리스트'를 '나 자신'에게서 한번 받아볼까 하는 생각을 해본 적도 있었다. 지나가는 한 줄기 바람처럼 잠시 해보았던 생각이었다. 그런데 웬일인지 요즈음, 새삼스럽게 나는 '꿈의 리스트'를 '나'에게서 정말로 한번 받아보고 싶다는 생각을 한다. 그때 만들려 했던 리스트를 꺼내 몇 군데 수정을 해야 할 것이다. 이번에 반드시 집어넣어야 할 것은 '집사의 시중을 받는 옛 성의 주인' 대신에 '일 년 동안의 해외 여행권'이다. 또"나 잡아 봐라!"하고 해변을 달리는 장면 대신에 양지 바른 창가에서 문고판을 손에 들고 무릎 담요 한 장을 덮은 채 살짝 졸고 있는 노부인이 있는 장면을 하나 넣어야 할 것이다.

배가 고파도 칭얼댈 줄도 모르는 채, 신문지 한 장으로 하루 종일 혼자서 노는 아이가 있는 어린 날의 그 그림 속으로 아무래도 난 다시 들어가고 싶은 모양이다. 나는 오늘도 여전히 '혼자서도 잘 노는 사람'이고 싶다.

(2005년)

착각의 집

아이가 고등학교 입학식을 치르기 전에 꼭 해보았으면 하고 손을 꼽고 있던 것들이 여럿 있었다. 그 가운데 첫 번째로 꼽던 것이 엄마랑 함께 과천에 있는 〈서울랜드〉에 가서 거기에 있는 모든 유희 시설물을 빠짐없이 타보며 하루 종일 노는 것이었다. 그 이야기를 듣는 순간, 이미 내 키를 훌쩍 넘어버린 아이의 껑충한 키가 새삼스럽게 쳐다보였지만, 형제 없이 홀로 자란 아이인지라 짚이는 구석이 전혀 없는 것도 아니어서, 좋아! 하고 선뜻 약속을 했었다.

추위가 행방불명이 되어 버렸다고 떠들어 대던 겨울의 끝, 3월의 초입에 들어선 햇살은 방송에서 떠들어대던 것만큼이나 과천 들녘을 이미 완연한 봄볕으로 채워놓고 있었다. 아이의 손에 끌려 구석구석을 헤집고 돌아다녔다. 여기저기서 길게 열을 서 기다려 여러 놀이기구를 타고 맘껏 소리를 지르며 돌아다녔기 때문인지, 아니면 납작한 운동화 차림 때문이었는지 나는 이미 작은 아이가 되어 있었다. 그리고 우리는 마침내 〈착각의 집〉이라고 써 붙인 곳에 이르렀다. 그런데 그 앞에 서자 갑자기 아이의 발걸음보다 내 발걸음이 더 빨라졌다. 어쨌든, 근사하지 않은가? 〈착각의 집〉이라니!

평소에 틀림없이 자기 자신은 정상이라고 믿고 살아온 우리들의 눈이나 감각을 갖은 장치와 구조물 속으로 끌어들여서 잠시나마 흩트려 놓고야 말겠다는 의도로 만들어 놓은 집인 듯했다. 불과 일 미터 남짓 앞에 가는 사람이 아득히 멀리 가고 있는 것처럼 느껴지는가 하면, 언뜻 보면 양쪽 벽면이 맞붙어 있어 없는 것처럼 보이던 통로가 실제로 발을 들여 놓아 보았더니, 자신이 서 있던 곳과 똑같은 넓이이기도 했다. 자신이 팔등신의 늘씬한 미녀가 된 행복의 방이 있기도 했고, 퍼질대로 푹 퍼진 작은 뚱보가 되어 버린 눈물의 방도 있었다. 분명히 나는 일직선 위를 똑바로 걷고 있는데 게걸음을 하고 있는 듯 느껴지기도 했고, 아무리 기를 쓰고 사다리를 기어올라도 한 칸 이상을 더 오르지 못하는 곳도 있었다. 책상도 침대도, 모든 것이 천장에 매달려 있는 거꾸로 된 방 앞에 들어섰더니, 나 혼자만이 비정상인 것 같아 물구나무라도 서야 할 것처럼 느껴졌다. 미로 같은 통로를 따라 들어가는 방마다 새로운 혼돈이 나를 집요하게 기다리고 있었다.

한참 동안 이 방 저 방을 그렇게 들락거리다가 밖으로 나왔다. 그랬더니 이번에는 조금 전까지 멀쩡하던 건물들이 갑자기 기우뚱 기울어져 있는 듯 보이고, 땅바닥이 기울어진 듯 느껴져서 자꾸 헛발을 내딛게 되었다. 몸속의 모든 내장기관들까지 헷갈려 하고 있는지, 속도 울렁거리고 메스꺼웠다. 3월의 따스하고 밝고 투명하던 햇살마저도 불투명 유리를 해의 얼굴에 덧대어 놓은 듯 탁해보였다.

올해 마흔 중반이 된 친구 하나가 일전에 우리를 눈물 나도록 웃게 만든 일이 있었다. 세미나 참석차 부산으로 가는 남편을 따라 나섰다가 돌아오는 날이었다고 한다. 호텔에서 체크아웃을 하고 짐은 그곳에 맡겨 둔 채 오후 비행기를 탈 때까지 남은 시간을 시내 이곳저곳을 돌아다녔다. 그리고 출발 시간을 빠듯하게 남겨 놓고 부랴부랴 호텔에 다시 들러서 가방을 찾아 서둘러 비행장으로 갔다. 그런데 항공사 데스크에서 좌석을 배정받고 짐을 부치려고 가방을 드는데, 색깔과 크기는 비슷한데 어쩐지 자기 것이 아닌 것만 같은 아주 낯선 느낌이 들었다. 열어 확인을 해보아야겠구나 싶어 그녀는 가방의 비밀번호를 돌렸다. 역시 가방은 꿈쩍도 하지 않았다. 큰일 났다! 아까 너무 서두르는 바람에 가방이 바뀐 게 틀림없다. 당황스러운 생각이 순간 머리를 스쳤다. 아침에 마구 구겨 넣었던 양말이랑 속옷도 생각이 났다. 그녀는 헐레벌떡 공중전화로 달려가 호텔에 전화를 걸었다.

"한 시간쯤 전에 어떤 중년 부인이 와서 가지고 가셨는데요."

프런트 아가씨가 이상하다는 말투로 말했다. 이건 틀림없이 다른 여자가 바꾸어 간 것임에 틀림없었다. 아무래도 전화로 끝이 날 일이 아니라고 생각한 그녀는 호텔로 되돌아가려고 다시 가방을 집어 들었다. 순간 뭔가 이상한 느낌이었다. 이번에는 손에 느껴지는 무게감이 틀림없이 자신의 가방이었다. 마음을 가다듬고 그녀는 다시 천천히 가방에 달려 있는 자물쇠의 숫자를 돌렸다. 가방은 쉽게 열렸다. 아침에 아무렇게나 쑤셔 넣은 속옷이 먼저 눈에 들어왔다.

"그, '어떤 중년 부인'이 바로 나라는 것은 생각도 못했어. 중년이라는 것은 아직도 내게서 멀리 있다고 생각하고 있었나 봐."

우리는 눈가의 주름에 눈물이 흥건히 고일 때까지 웃고 또 웃었다.

해질녘이 되어서야 〈서울랜드〉의 문을 나서, 녹초가 된 몸을 시트에 던져놓고 눈을 감았다. 문득, 살아간다는 일은 착각의 집을 반복해서 드나드는 짓인지도 모른다는 생각이 들었다. 나는 지금 어떤 착각의 방 속을 걷고 있는 것일까.

(1989년)

보석상자

1970년 초, 내가 결혼할 당시만 해도 일반인들의 혼수품으로 빠트리지 않고 챙기던 것에 '보석함'이라는 것이 있었다. 요즈음 신문지상이나 소문 속에 요란하게 떠도는, 그 혼수라는 것에 비하면 번지수가 다르고 소꿉장난 속의 이야기 같은 것이었다.

그것은 이름이 좋아 보석함이지, 대부분의 사람들에게 그것은 그 이름과는 아무런 관계도 없는 것이었다. 그저 평소에는 여간해서 살 수도 또 살 필요도 없는, 용도가 애매한 그런 '자물쇠가 형식적으로 달린 하나의 상자' 이었다고 생각하는 편이 옳을 것이다. 그나마 집안 사정이 좀 여유로우면 화각으로 장식이 된 것을 장만하기도 하였지만, 그렇지 못한 대부분의 사람들은 검은 빛이나 자줏빛, 혹은 빨간색으로 옻칠을 한 것 위에 공작새 모양을 자개로 박은 것을 마련했다. 자개가 얼마나 촘촘하고 현란한 색깔로 박혀 있는가에 따라 약간씩 값에 차이가 났는데, 그 차이가 별 것 아니라 해도 혼인날을 받아놓고 일시에 많은 것을 준비해야 하는 때이고 보면 별 것 아닌 그 차이도 따지지 않을 수 없는 것이었다. 실제로 그것이 '보석상자'로서는 제 역할을 하지 못할 것임이 분명한, 고만고만한 대부분의 사람들도 그저 구색 맞추기로 준비를 한 것이다.

물론 나도 그 부류 중의 하나였다. 빨강 바탕에 자개가 성의라고는 전혀 없이 박힌 것을, 나 또한 별 성의를 기울이지 않고 대충 골랐다. 남들이 시장엘 가니까 나도 씨오쟁이라도 차고 따라간 격으로, 값으로 보아서 얼마 되지도 않는 것을 굳이 품목에서 빼는 것은 어린 소견에 무언가 억울한 느낌이 들기도 했다. 또 남들이 다 하는 것을 무시할 배짱도 내게는 없었다.

당연히 그 속에 넣어 둘 간한 보석은 애초부터 없는 시작이었다. 자연히 오랫동안 그것은 제 이름에 어울리지 않게 머리핀이나 옷핀, 고무줄, 머리 묶는 끈, 또 어딘가에서 떨어진 단추, 그런 것들이 제 자리를 찾아가기 전에 잠시 머무는 공간이 되어 화장대 위와 방구석을 왔다 갔다 했다. 그러다가 그나마도 소용이 뜸해져 상자 위에 먼지가 쌓이게 되자, 성북동 언덕위 남의 집 이층에 세를 내어 시작한 내 신혼집의 어두컴컴한 벽장 속으로 미련 없이 쫓겨 갔다. 그렇게 구박덩이 신세를 면치 못하면서도, 그래도 그것은 꾸역꾸역 내 이삿짐을 두어 번 따라다니더니 어느 시점인지 확실히 기억도 나지 않는 어느 날부터 내 주변에서 사라졌다. 그리고 상당히 오랫동안 나는 보석이라는 글자도, 보석함이라는 것의 존재여부도 잊은 채 살았다.

그러던 어느 날이었다. 아이가 태어나고, 아침이면 그 아이가 통통통 발을 구르며 빠이빠이 손짓과 함께 유아원으로 가던 무렵이었다. 나는 아이에게 뭐 근사한 선물을 할 것이 없을까 하고 기웃기웃하던 장난감 가게에서 다시 '보석함'과 만났다. 뚜껑을 열면 음악이 흘러나오며 발레 슈즈를 날아갈듯이 신고 춤을 추는 소녀가 들어 있는 것이었다. 바닥에는 빨간색 우단이 곱게 깔려 있었고 춤을 추는 소녀의 얼굴은 천사처럼 보였다. 음악소리는 마치 깊은 산 속, 계곡에서 떨어지는 물소리처럼 들려왔고, 가만히 눈을 감고 귀를 기울여 들어보면 거기 어딘가에서 아이가 꿈을 꾸는 소리도 들려오는 듯 했고 꿈속에 젖어 있는 아이의 얼굴이 보이기도 했다.

한동안 그것은 아이의 주변에서 떠나지 않았다. 그러다가 아이를 보아주던 사람이 실수를 하여 망가져 버렸다. 아깝고 서운하긴 했지만 이미 아이도 훌쩍 커버려, 보석같이 반짝이는 미래의 꿈이 춤추는 발레리나가 들어 있는 상자 속을 진즉에 떠난 후이기도 해서 다시 사지는 않았다. 그리고 나는 다시 보석상자와는 거리가 먼 긴 세월 속으로 들어갔다.

그런데 며칠 전, 나는 문득 아주 근사한 보석상자가 하나 있었으면 하는 생각을 하게 되었다. 이제 머지않아, 나는 공자가 천명을 알 나이라고 칭한 바로 그 나이에 이른다. 지금껏 보석이라는 것은 내 사전에 없는 것이라고 생각하고 살았다.

그런데 불현듯 생각이 나서 돌아보았더니, 그동안 나에게는 거기에 넣어두어야 할 보석들, 결코 잊어버리고 싶지도 않거니와 절대로 잃고 싶지도 않은 것들이 많이 모여 있었다. 마음속에 새겨진 멋있는 풍경들, 빗속에 서 있던 나무의 모습, 철따라 바람 따라 다른 모양새를 보여주던 구름의 모습들, 우리 집 앞 꽃가게에서 아침마다 볼이 터져라 웃고 있던 꽃들, 몇 년 전에 보았던 그랜드 캐년의 그 숨 막히던 위용, 바람결에 일렁이는 나무 잎사귀, 시구 하나, 기쁠 때나 슬플 때나 함께 살아온 이십 년 세월의 흔적들, 내게 웃음을 보여주던 다정한 얼굴들, 그런 것들이 하나하나 다시 생각날 때마다 착해지고 싶었던 마음 자락들. 난 그런 것들을 차곡차곡 소중하게 보석상자 안에 넣어두어야 할 것 같은 생각이 든 것이다.

그렇게 넣어 두고, 어느 한 날 문득 자신의 행동과 말에 스스로 절망감을 느낄 때, 그런 자신이 한없이 초라하게 느껴질 때, 그리고 괜스레 이 세상 누구 할 것 없이 모두가 미워지는 그런 날, 나는 그것을 내 무릎 가까이 끌어당겨 가만히 열어놓고, 만지작만지작 귀한 보석을 매만지듯 그렇게 만져 보고 싶다.

혹시 누가 알랴. 어느 날인가 내가 중심을 잃고 비틀거릴 때, 상자 속에 들어 있던 것들 가운데 어느 하나가 새로운 내 중심이 되어 나를 꼿꼿하게 버티게 하는 버팀목이 될는지. 그리고 그것이 속을 일렁대게 하는 삶의 멀미를 가시게 할는지 말이다.

(1991년)

자기 최면

요즈음 들어 왠지 모르게 '암시'라든가 '최면'이라는 말에 생각이 골똘해지는 일이 종종 있다. 모두가 알게 모르게 자신을 암시나 최면에 걸며 살아가는 게 아닐까 하는 생각이 들기도 한다. 오늘 아침에도 집을 나서며 평소의 버릇대로 라디오에 스위치를 넣었다. 아침마다 늘 같은 시간대에 들어서 귀에 익은 목소리가 흘러나오고 있었다.

"오늘은 음악을 듣기 전에, 이 세상에 존재하는 모든 아름다운 것에 대해 잠시 생각해 보기로 해요. 별, 꽃, 가을 하늘, 여름의 뭉게구름, 노란 민들레, 촛불 앞에 서있는 연인들, 아기의 웃음소리, 살얼음 밑으로 흐르는 물소리, 눈이 하얗게 덮인 언덕, 이슬방울을 한입 가득 머금은 풀잎……."

프로그램 진행자의 목소리를 따라 걸음마를 하듯 한발 한발 따라가다 보니, 정말로 이 세상에는 아름다운 것들이 참 많이 있구나 하는 생각이 들었다. 그런 생각에 젖어 있는데 갑자기 뒤에서 빠앙! 빵! 경적을 울려대는 차가 있었다. 나도 모르게 내 속도가 떨어져 있었던 모양이었다. 자연스럽게 웃으면서 손을 흔들어 미안하다는 표시를 했다. 평소처럼, 입을 삐죽이며 눈을 흘기는 대신 웃으며 그렇게 한 자신이 스스로 생각해도 대견했다. 한창 달리다가 횡단보도가 아닌 곳을 막무가내로 건너고 있는 사람이 있어도, 나는 아무 불평도 하지 않고 차근히 기다려 주게 되었다. 진행자의 입 끝을 따라 아름다운 것들을 헤아리며 따라가다가 나도 모르게 그런 것들이 있는 세상에 어울리는 사람이 잠시 되었던 것인지도 모르겠다.

어떤 특정한 암시를 계속해서 주었을 때, 심리적으로나 신체적으로 변화가 일어나는 상태를 최면상태라고 한다. 그러한 상태에서는 평소에 할 수 없었던 일이 가능하게 되기도 하고, 특이한 기억이나 사고력이 생기기도 한다고 한다. 암시를 받은 것 이외의 의식을 백지로 만든다고나 할까. 고기를 먹었다는 암시를 계속 주었을 때 소변 속의 단백질 양이 실제로 늘어나기도 하며, '이렇게 된다, 이렇게 될 것이다'라는 암시가 계속될 경우, 실제로 몸이나 팔이 공중으로 붕 뜨기도 하고, 손이나 팔이 전혀 구부러지지 않는다든지 발이 땅바닥에 딱 붙어 떨어지지 않는 등, 암시를 받은 일이 정말로 현실로 나타난다고도 한다.

종교도 바로 이런 암시를 우리에게 주는 일을 하는 것이 아닐까 하는 생각을 가끔 한다. 이런 저런 일로 절이나 교회, 성당 같은 곳에서 행하는 의식에 참석할 때마다 매번 그렇게 느끼게 된다. 아직까지 나에게는 이렇다 할, 특히 심취해 있는 종교가 없다. 당연히, 종교라는 것에 대해서 나는 완전히 백지 상태이다. 그러니 종교계에 있는 분들이나 독실한 신자들이 들으면 큰일 날 소리일 수도 있겠지만, 그런 의식에 참여하게 될 때마다 매번 나는 종교라는 것이 결국은 올바르게 살아야 구원을 받는다는 일념으로 인간을 최면 상태에 이르도록 해 마음의 평화를 주는 것이라는 생각이 든다.

며칠 전, S시인이 오래간만에 전화를 걸어와, 요즈음 어떻게 지내느냐고 물었다.

"너무 재미가 없어요. 뭐 재미있는 일 없어요?"

내 대답이 채 끝나기도 전에 그가 평소의 그답지 않게 큰 웃음을 터트렸다. 그리고 다음과 같은 이야기를 들려주는 것이었다.

친구에게서 강아지 한 마리를 데려왔다고 한다. 새까맣고 아주 못생긴 어린놈이었다. 그러나 생긴 게 미우나 고우나, 불러 줄 이름이 필요했다. 이리저리 생각해 보아도 마땅한 이름이 떠오르지 않아 어물쩡하게 그대로 며칠이 지났다. "강아지야."하고 부르자니 마치 길가에서 놀고 있는 남의 집 강아지를 부르는 느낌이 들어, 이제 한 식구가 된 그놈한테 어쩐지 미안했고, 옛날 어머니가 하시던 대로 "도꾸야!, 메리야!" 하고 부르기도 왠지 마뜩찮았다. 그렇다고 해서 "순이야, 길수야"하기도 어딘지 껄끄러운 느낌이 들었다. 그렇게 며칠이 지난 어느 날, 그녀는 무릎을 쳤다. 신통한 생각이 떠올랐던 것이다. 아아! '재미'라는 이름을 붙여 주어야 겠다!

"하루에 열 번이건 스무 번이건 '재미야!, 재미야!'하고 부르다 보면, 정말로 재미있는 일이 생길지도 모르잖아요? 나, 정말로 기특한 생각 한 거 아니에요?"

그즈음 그도 한창 사는 것이 무척이나 재미가 없다고 느끼던 참이란다. 나는 할 말이 없었다. 전화기를 붙들고 눈물이 찔끔 나도록 함께 웃었다.

어릴 적 눈만 감으면 흔히 하던 공상 속에서, 나는 아슬아슬하게 공중에 매달아 놓은 외줄을 타는 곡예사이거나, 우우우~ 하고 소리를 지르며 이 나무에서 저 나무로 날아 옮겨 다니는 타잔이었다. 주로 공중을 날아다니는 공상을 많이 했었다. 그러면서 나는 어느 날인가 정말로 공중을 날 수 있을지도 모른다는 엉터리도 없는 기대를 끈질기게 안고 살았다. 불가능한 일인 줄 뻔히 알만한 나이가 되어서도 나는 그 꿈의 밧줄을 놓으려 하지 않았다. 그런 꿈을 꾸며 나는 늘 행복했기 때문이었다.

그러나 이제 나는 공상 속에서나마 곡예사도 되지 못할 뿐더러, 공중을 날아다니는 타잔의 꿈같은 것은 꿀 용기조차 없다. 그 대신 이제, 외출하기 전이면 '기쁨, 환희'라는 이름이 붙은 향수 두어 방을 찍어 바르며, 그 이름에 걸맞는 하루가 될 것이라고 줄기차게 최면을 걸려 한다.

(1992년)

말의 씨앗

꼭 10년 전인 1998년 7월, 파리에서 유학중인 아이를 만나러 갔다가 각기 여행 가방 하나씩을 끌고 함께 열사흘간의 유럽 열차여행을 할 때였다. 열차는 이태리 밀라노 역을 출발하여 베네치아 산타루치아 역으로 가는 도중이었다. 바다 한가운데를 가르며 우리가 탄 열차는 망망한 바다, 그 바다 속으로 빨려 들어가는 듯 달려갔다. 차창 밖으로 빠르게 지나가는 풍경, 때마침 바다를 온통 붉은 색으로 물들여 놓으며 잠기어 가는 석양 모습에 넋을 홀라당 빼앗긴 채 나는 남편에게 단호하게 말했다.

"있는 것 다 팔아서라도 앞으로 여행만 다녀요."

그 순간 내겐 집 같은 건 없어도 좋았다. 이런 여행만 계속 할 수 있다면 내겐 미련을 두고 지켜야 할 것이 아무 것도 없는 것 같았다.

"말이 씨가 되는 게야. 늘 말조심 하고 살거라."

딸들을 앉혀놓고 어머니는 자주 말씀하셨다. 층층시하에서 시집살이를 하며 살아오신 어머니의 지혜이고 동기간의 우애를 걱정하여 하신 말씀이었을 것이다. 그때마다 확실하게 무슨 말씀인지는 알지 못했지만 그저 어렴풋이 알 것도 같아 고개를 끄덕이곤 했다.

그런데 종종 이상하게 생각할 때가 많았다. 설날이 되어 세배를 드리면 어른들은 우리들 하나하나에게 일일이 말씀하셨다.

"네가 큰 회사에 취직이 되었다지?"

"너는 박사가 되었다며?"

"시집가서 아들 낳았다고 했지?"

"너는 큰 집을 사서 이사했다지?"

당신들의 소원을 담아 바로 말이 씨가 되라고 그런 덕담을 해주신 것이 아니었을까 하는 생각이 들어서이다.

그런데 요즈음 생뚱맞게 난 어릴 적으로 돌아가 덕담을 듣고 싶을 때가 종종 있다. 그러나 세월을 거슬러 올라갈 장사는 없는 법, 그 대신 땅 속에 계신 어머니에게 시비를 걸듯 말하곤 한다.

"엄마의 말씀은 틀렸어요. 말이 씨가 되는 게야, 그러니 좋은 말만 하고 살거라, 그렇게 말해야 하는 거 아니에요?"

생떼를 쓰는 나이든 딸을 물끄러미 바라보며 매번 어머니는 그냥 빙그레 웃고만 계신다.

그때의 어머니와 같은 나이가 되어, 나는 한껏 되바라진 여자가 되어 있는 모양이다.

그런데 거름이 부족한 걸까? 내가 뿌린 말의 씨앗에는 아직도 싹이 나오지 않고 있다.

(2008년)

호박에 줄긋기

만일 다시 태어난다면 어떤 사람이 되고 싶은가, 다시 여자로 태어나길 바라는가, 지금의 남편과 또 결혼을 하겠는가? 등등 우스개 같은 질문을 받을 때가 종종 있다. 그때마다 난 이제부터 생각을 좀 해보겠노라고 슬며시 자리를 피한다. 난 상상력이 뛰어나게 부족한 사람이고, 현실성이 없다고 생각하는 것은 일체 생각조차도 하지 않으려 하는 편협한 성미의 소유자여서 그 자리를 피하는 것 외에 다른 방법을 알지 못한다.

한마디로 재미성이라고는 눈곱만치도 없는 사람이고, 예술, 환상, 멋, 그런 단어는 애당초 나에게는 그림의 떡이라고 생각하며 산다. 게다가 나는 기억력도 남보다 많이 뒤떨어지는 모양이다. 그래서 "내가 여섯 살 적에 말이야." 하며 어릴 적 이야기를 시시콜콜 세세히 말하는 사람을 만나면 갑자기 그 사람이 위대해 보인다. 분명히 같은 길이의 세월을 보냈을 터인데 어린 시절을 통틀어 난 몇 개 안 되는 아주 빈약한 장면만을 기억하고 있을 뿐이다. 연잎을 우산 삼아 쓰고 가던 비 오는 날의 소풍길, 이삿짐 트럭 위에서 바라보던 별이 가득하던 여름밤 하늘, 커다란 다다미방을 빙 둘러싸고 있는 마루로 된 삐걱거리는 긴 복도.

그런데 내가 기억해내지 못하는, 나머지 그 많던 내 어린 날의 시간들은 어디로 다 가버린 것일까? 아, 그러고 보니 그 가난한 기억력 끝에 대롱대롱 매달려 있는 것이 하나 있다. 미술시간이었다. 몇 학년 때였을까. 왼손 검지와 엄지만을 펴고 나머지 세 손가락을 접은 채 연필로 그리라고 선생님이 말씀하셨다. 난 열심히 그렸다. 점점 형체를 갖추어가는 내 손을 바라보며 난 내 그림 솜씨가 자랑스럽고 무척이나 신통했다. 조금 통통하게 그려지긴 했지만, 그건 영락없는 내 왼손이었다. 나는 의기양양하게 스케치북을 들고 선생님 앞으로 나갔다. 그러나 선생님의 낯빛이 갑자기 흐려지셨다. 그리고 그 다음부터는 난 기억이 없다. 다만 그 후, 난 미술에 영 소질이 없는 아이가 되었고, 그렇게 어른이 되어갔다.

2009년으로 해가 바뀌어 새로 시작될 1학기 한문고전 시간표를 들여다보며, 금년엔 ≪맹자≫를 들을까 ≪해학≫ 공부를 할까, 이리저리 궁리를 하다가 불현듯 소질도 없으면서 늘 삶에 턱없는 무늬를 그려 넣으려 애를 쓰는 것 같은 내 자신이 안쓰럽고 초라하게 느껴졌다. 선생님의 안색을 흐리게 만들었던 데생 시간의 내 그림이 생각나기도 했다. 코바늘에 실을 꿰어 온 집안을 뜨개질로 덮어나가는 것을 시작으로, 칠보를 배우려고 이방자 여사가 계시던 낙선재를 들락거리고, 붓글씨를 쓴다고 먹칠로 칠갑을 하며 다녔다. 테니스장으로 골프장으로 쏘다녔는가 하면, 정신세계라는 말을 코에 걸고 글쓰기와 한시 교실에 드나들었다. 영어회화와 일본어 교실을 들락거렸는가 하면 또 아이의 전공이 불어인데 어미 된 자가 까막눈이면 안 되니까 하며 불어학원을 기웃거렸다. 그리고 지금 나는 한문고전 시간표를 앞에 놓고 고민하고 있는 것이다.

"호박에 줄을 긋는다고 호박이 수박되냐?"

어디선가 수군대는 소리가 들려오는 것 같기도 하다.

(2008년)

나만의 빈터

내 시력은 무척 약하다. 양쪽이 모두 0.0 이하로 떨어지는 수치이니까, 주위에서 장식품을 달고 다닌다고 놀려도 대꾸할 말이 없다. 그러나 평소, 나는 안경을 쓰지 않으며 또 콘택트렌즈라는 것도 여태 한 번도 끼어 보지 않았다. 늘 안경을 가방 속에 넣어 가지고 다니다가 필요하다고 생각이 들 때에만 꺼내어 쓴다. 그러자니 번거로울 때가 한두 번이 아니고, 또 알게 모르게 내 뜻하고는 아무런 상관도 없이 저지른 실수 또한 헤아릴 수 없이 많이 있다. 그러면서도 안경을 늘 낀 채로 지내고 싶지는 않다. 무슨 고집인지 모른다. 단지 지금껏 그런 내 눈으로 보아온 하늘이나 나무, 바람과 태양의 빛깔이 본래의 제 모습이라고 고집스럽게 우기며 살고 싶어 한다.

안경을 끼지 않은 눈으로 내다보는 세상은 훨씬 여유롭다. 하늘에서 내려오는 눈이나 비, 바람까지도 실제보다 풍성해 보여 쉽게 꿈속으로 젖어들 수 있어 좋다. 또한 내 눈에는 집안 구석구석의 먼지 따위가 잘 띄지 않으니 늘 깨끗해 보여 마음을 편안하게 한다. 그럴 리가 전혀 없는데도 유난스럽게 햇빛이 밝은 겨울 한낮, 언뜻 쳐다본 유리창도 말끔하게 닦여 있는 듯하여 생활을 맡고 있는 내가 우등생인 것 같은 착각을 하게 하기도 한다. 올려다보는 밤하늘에 별들이 빼곡히 들어차 서로 비비대며 넘쳐흐르듯이 보이는 밤이 있는가 하면, 그때그때 자리하는 내 마음의 상태에 따라서 텅 빈 밤하늘이 되기도 한다. 그럴 때면, 나는 즐겨 그 빈 하늘에 우울한 갖가지 생각들을 하나하나 소망과 환상의 옷으로 갈아입히고 찬란하게 장식해 가며 서슴없이 시인이 되어 보기도, 소설 속의 주인공이 되어 보기도 한다.

그러나 한편, 이런 약한 내 시력은 내 시계視界 속으로 들어오는 모든 것에 대하여 종종 '이것이 무엇이다'라는 확신을 스스로가 갖기 어렵게 한다. 그것은 안개가 자욱한 새벽, 익숙하지 못한 길을 가는 것처럼 나를 지나치게 조심스럽게 만들기도 하지만, 새로운 것에 대담하고 용기 있게 다가서지 못하는 소극적인 나를 만들어 놓은 확실한 이유가 되기도 한다. 그래서 어느덧, 매사에 머뭇머뭇하고 쭈뼛쭈뼛하는 태도가 나의 것으로 굳어져 고칠 수 없는 천성처럼 되어 버렸다는 것을 나는 안다. 그리고 아주 때때로 그런 나 자신을 답답해하는 날들도 찾아오며, 가끔은 그런 좌절감이 나를 심하게 괴롭힐 때 또한 있다. 그런 날이 오면 살아가는 일, 그 자체에 맥이 풀려 버리고 싫증이 나기도 한다. 그렇게 덮쳐온 회색의 그림자가 서서히 내게서 모든 힘을 앗아갔다고 느낄 때면, 나는 아무도 몰래 감추어 두었던 어떤 비방이라도 써먹듯이 안경을 꺼내어 쓰고 새로운 세계 속으로 들어간다. 새롭게 드러나는 구름의 표정이라든가 나무 잎새에서 일렁대는 바람의 몸짓 같은 것을 보면서 축 처진 마음이 다소 팽팽해지는 것을 느끼게 된다. 그러한 신선한 자극을 얻기 위해서 평상시에는 짐짓 안경을 쓰지 않는 것이라고 생각할 정도이다.

그러나 그것도 잠시일 뿐, 세세하게 보이는 세계에 나는 곧 멀미를 느끼게 되고 더욱 곤혹스러운 심정이 된다. 어쩌다 안경을 낀 채로 거울 속의 나를 바라볼 때는 더욱 그렇다. 기억 속의 젊은 나는 어디로 가고, 양 볼이 축 처진 오십을 바라보는 낯선 한 여자를 그곳에서 만난다. 순간 나는 길을 잘못 들어선 사람처럼 당혹감을 느끼며 슬그머니 안경을 벗어버리고 눈을 감아 버린다. 그리고 잠시 지나 눈을 뜬다. 그러면 나는 아직도 가능성이 있을 성싶은 여자로 거울 속에 남아 있다.

나는 이런 약한 시력으로 나를 보고 세상을 보며 하늘을 보고 행복해 한다. 쌀집 아저씨가 됫박 속의 쌀을 싹싹 밀어내고 있는 방망이의 불룩한 배도 눈에 들어오지 않는다. 핏발이 선

눈동자를 만나게 되지도 않고 미움과 시기로 꿈틀대는 살갗의 떨림도 보이지 않는다. 은밀히 오고가는 흥정의 눈짓이 보이지 않고 표현된 언어, 그 뒷면에서 웃어대는 조롱의 몸짓도 보이지 않는다. 도수에 맞는 안경으로 정확하게 보이는 그러한 것들을 나는 감당해 낼 자신이 없다. 그러한 것들은 가능한 한 그대로, 언제까지나 내 세상 밖에 머물도록 놔두고 싶다. 눈을 뜨면 어느덧 내일이 와 있는 새로운 나날 속에서, 비록 나뭇잎 새에 일렁이는 바람의 얼굴이나 산등성이를 힘겹게 넘어가는 햇님의 기진한 땀방울을 보지는 못한다 해도 나는 안경을 늘 낀 채로 살아가고 싶지 않다.

그러고 보면 나는 세상 모든 것에 언제나 일정한 거리를 유지하며 살고 있는 셈이다. 어떻게 생각하면 상당히 비겁한 인간인지도 모른다. 그러나 나는 내 앞에 놓인 이 거리를 사랑한다. 약한 시력이 만들어 내는 공간, 아무도 발을 들여놓을 수 없는 나만의 이 빈터를 사랑한다. 그 속에서 나는 남이 눈치 못 챌 만큼 슬쩍, 살기에 가쁜 숨을 몰아 쉬기도 하고, 남의 시험지를 훔쳐보는 아이처럼 먼저 살아온 이들의 삶의 색깔들을 훔쳐내, 내 주변을 슬그머니 칠해 보기도 한다. 밝지 못한 시력으로 해서 그동안 내가 상실한 것이 설령 남보다 많았다고 해도, 아직은 그 상실감으로 하여 발을 구르고 싶지 않다.

(1987년)

아무도 위로하지 않는 나를 위하여

아무도 위로하지 않는 나를 위하여 책상 앞에 앉아 하루 종일 놀기로 했다.

이것저것 책갈피를 뒤다보니 속울음은 어디론가 자취를 감추고, 안온함이 그 대신 내 안에 시침 떼고 들어와 앉았다.

그래, 맞다! 예전에도 몇 번이나 그랬었다. 그런데 왜 자꾸 까맣게 잊고 목울음 그렁그렁 울리며 힘없이 거리를 오가는 걸까.

진즉에 그럴 것을, 또 한 번 후회를 한다.

아무도 위로하지 않는 나를 위하여 햇빛 밝은 테니스장에서 하루 종일 뛰기로 마음먹었다.

이리 뛰고 저리 뛰다보니 가슴에 얹힌 것은 어디론가 사라지고 그 대신 홀빈한 후련함이 가슴속에 들어와 앉았다.

그래, 맞다! 생각해 보면 30년을 너머 그랬었다. 그런데 어쩌자고 자꾸 또 잊고, 하릴없이 약병으로만 먼저 손이 가는 것일까.

굳어진 기억에 꿀밤 한 대 먹이며 남이 볼세라 흐르는 땀을 슬며시 닦았다.

아무도 위로하지 않는 나를 위하여 큰맘 먹고 돌아 앉아 발톱에 칠을 하기로 했다.

깎고 다듬어 빨갛게 칠하다 보니 까칠함은 어디론가 숨어버리고 그 대신 반짝이는 미소가 발톱 위에 사뿐히 내려와 앉았다.

그래, 맞다! 젊은 날에도 몇 번인가, 또 몇 번인가 그랬었다. 그런데 왜 자꾸 잊어버리고 나이 먹은 쓸쓸함에 가슴 시려 하는 것일까.

게으름에 눈 흘기며 계면쩍어 얼굴 붉힌 발가락을 살짝 쥐어 보았다.

아무도 위로하지 않는 나를 위하여 창 너머 먼 하늘을 보며 엄마를 불러보았다.

엄마! 엄마! 엄마!

그런데 단 세 마디로 더 이상 목을 타고 소리는 나오지 않고, 그 대신 두툼한 어머니의 손이 소리 없이 내 옆에 다가와 있었다.

그래, 맞다! 언제나 언제나 그랬었다. 내가 돌아보면 엄마는 늘 거기 내 옆에 계셨다. 그런데 왜 자꾸 잊어버리고 혼자인 듯 돌아서서 막막해 하는 걸까.

더는 잊지 말자고 새끼손가락을 구부려 마음에 걸었다.

"아무도 위로하지 않는 나를 위하여 시를 쓴다"는 〈서른, 잔치는 끝났다〉의 최영미 시인의 말을 떠올리며 나를 위로할 방법을 찾는다.

(2009년)

3월 일기

3월 2일

셋도 아니고 둘도 아닌, 달랑 하나뿐인 아이가 대학 졸업식을 마치자마자 훌쩍 떠나가 버렸다. 십 년이라고 하던가? 7년쯤이라고 하던가, 확실한 기약도 없이 그저 공부를 더 하겠노라는 것이다. 진즉에 다진 결심이었다. 그 요지부동이던 아이도 '출구'쪽으로 돌아설 적에는 기어이 눈물을 보이고 말았다.

아이를 보내고 집에 돌아와 나는 곧 알았다. 뒤돌아서며 내게 등을 보이며 떠나간 것은 아이뿐이 아니며, 힘겹게 끌고 메고 간 것은 그 아이의 커다란 짐 보따리뿐이 아니라는 것을. 아이와 함께 우리의 젊은 날도 냉정하게 등을 돌리고 가버린 것이다. 빈방, 휑한 아이의 침대에 걸터앉아 남편은 저녁 반주로 들이켠 독주 두어 잔 탓인지 히잉 히잉 울었고, 나는 딱딱하게 굳어버린 위장을 연신 손바닥으로 쓸어내리며 잉잉 남편과 마주보며 울었다.

3월 7일

그러려니 했지만 집안이 너무 적막하다. 텔레비전의 볼륨을 한껏 크게 해놓고 일부러 발소리도 쿵쾅쿵쾅 크게 하며 걸어 다녔다. 그래도 매한가지이다. 그러나 가만히 생각해보면, 사실은 늘 그래왔던 셈이다. 아침이면 뿔뿔이 헤어졌다가 저녁이면 모여들긴 했지만, 세 사람 모두 말수가 적은 편인 우리는 아이는 제 방에서 남편은 서재에서 나는 거실이나 안방에서 늘 각각이었기에 지금과 다를 바 없이 지내 왔다. 그런데도 요사스러운 것이 사람 마음인 모양이다. 멀쩡한 날임에도 불구하고 창밖에서는 추적추적 비가 오고 있는 착각에 젖어든다. 남아 있는 남편과 나, 이제는 각기 급하게 할 일이 있어도 자기만의 영역으로 돌아서서 등을 보이고 들어가지 못하고 괜스레 서로를 기웃기웃한다. 벌써 몇 시간째, 조간신문을 펼쳐 놓고 구석 후미진 곳까지 하염없이 훑고 있는 내 곁에 남편이 다가와 장난스레 툭하고 친다. 무슨 할 말이라도? 하는 내 표정에 그이는 그냥 찌익 웃는다. 웃는 모습이 '빙긋'도 아니고 '씨-익'도 아닌 것은 그이 얼굴이 웃는다는 의중은 분명한데, 휴지통에 버려진 신문지처럼 그렇게 구겨져 있었기 때문에 달리 표현할 재주가 없다. 차라리 '히-힛' 하고 코미디언 흉내를 내는 편이 낫겠다.

3월 12일

부엌에서 아침 준비를 하는데 세수를 하던 남편이 욕실 쪽에서 급하게 불렀다. 성질이 워낙 급한 사람인지라 머뭇거리다가는 어떤 억울한 불똥이 튀길지 몰라 손에 묻은 물기를 채 닦지도 못하고 달려갔다.

"당신, 어젯밤에 통통하는 소리 못 들었어?"

전혀 기억에 없는 나, 무슨 소리를 하느냐는 식으로 의아해하며 쳐다보았다.

"바로 옆에서 밤새껏 통통하는 소리가 났을 텐데."

나는 여전해 캄캄해서 고개만 옆으로 흔들었다.

"통, 통, 통하며 밤새껏 내 살찌는 소리가 났을 텐데 정말 못 들었어?"

될 수 있는 대로 한 방 기거를 하자며, 나와 생활 리듬이 완전히 다른 남편이 밤늦게까지 자기 방에서 혼자 깨어 있던 버릇을 겨우 하룻밤 거르고 나서 하는 말이다. 아이 생각에 눈물을 질질 짜며 쌀을 씻어 안치고 있던 나, 또 그렇게 해서 새로운 하루는 훨씬 가볍게 시작되었다. 아마도 '아빠의 심정'

을 고이 싸서 '남편의 마음' 속에 감추려는 그이 식의 제스처였을 것이다.

3월 15일

"여기 걱정은 하나도 하지 마라. 일주일에 한 번씩 엄마 데리고 영화도 보러가고 맛있는 것도 먹으러 다니고 할 테니까."

떠나기 전의 아이를 앞에 놓고 큰소리치던 남편이다. 그러나 그 야무진 계획은 그 말이 나왔을 때 내가 우려한 대로 '믿거나 말거나'가 되어버렸다. 그러나 이상한 것은 그 말을 들었을 때도 그렇고 또 지금도, 그것이 실행되느냐 못되느냐 하는 것보다는 그 말이 어디선가 익히 들었던 말인 것 같아 고개가 갸우뚱해졌다. 그런데 마침내 어젯밤, 숙제는 쉽게 해결되었다. 텔레비전 드라마 속 한 장면이 내게 무릎을 치게 했다. 새신랑이 장인 · 장모 앞에서 절을 하며 말씀을 드리고 있었다.

"곱게 잘 키워 제게 주셔서 감사합니다. 이제부터는 제가 부모님 대신 잘하겠습니다. 아무 걱정하시지 마십시오."

주인공만 바뀌고 역사는 되풀이되는 모양이다. 산다는 것은 어제가 오늘에 묶이고 오늘이 내일로 이어지는 사슬고리 모양을 하고 있는 듯하다.

남자들이란 참 불쌍한 존재라는 생각이 살짝 들었다. 하나뿐인 몸을 가지고 어쩌자고 젊어서나 나이가 들어서나 그렇게 큰 짐을 등에 져야 하는 걸까.

3월 19일

이건 순전히 지난 연말에 신파극 〈굳세어라 금순아!〉를 본 탓이다.

"천지가아~안에 너와 난데 변함 있으랴, 나~압쭉아 굳세어 다오, 머~언 훗날 그 날이 오면 손을 잡고 울어보자, 얼싸안고 춤도 춰보자."

걸핏하면 남편의 입에서 '굳세어라 금순아' 한 가락이 튀어 나온다. '금순이' 대신 남편과 아이가 나를 놀리고 싶을 때 부르는 이름, '납죽이'가 들어갔을 뿐이다. 그렇게 저렇게 세월은 가고 있다. 아이가 떠난 지도 벌써 스무 날이 되었다.

3월 24일

편지를 부치고 우체국 문을 나설 때면 늘 조금쯤은 행복하다. 내 간절한 마음과는 달리, 너무나도 기계적이고 차가운 담당직원의 행동에 어리둥절해지기도 하지만, 그러려면 그러라지 그게 뭐 대수이랴 싶다. 열흘 후쯤이면 아이의 손에 닿을, 방금 부친 내 마음을 생각하며 너그러워진다. 부모라는 것은 자식에게 무엇 한 가지라도 주는 느낌일 때, 행복하고 안심이 되는가 보다. 아이가 좋아하는 이웃나라 작가의 신간이 번역되어 나왔다는 신문기사를 읽고 달려가 사가지고 왔다. 후딱 읽고는 서둘러 포장을 해 또 우체국엘 간다. 떠나 있는 아이 덕분에 좀 더 많은 책을 읽게 될 것 같은 예감이 든다. 새로운 가능성에 대한 기대로 조금은 흥분이 된다. 정말로 모든 것은 생각하기 나름인가 보다. 내게 남은 세월, 지금으로부터 10년이 될지 20년이 될지 그 동안에 내 시선이 따라가 머무는 대상, 방향, 그런 것들이 내 삶의 색깔을 마무리해 주는 것이 되지 않을까? 하는 생각이 들었다. 자못 의미 있는 발견이라도 한 것 같은 기특한 하루였다. '이가 없으면 잇몸으로 살면 되는 거지'라는 말은 2년 전 돌아가신 어머니가 생전에 자주 쓰시던 말씀 가운데 하나였다. 이제 와서 곰곰이 생각해 보니, 그 말씀 중에는 층층으로 포개진 체념이라는 것들이 숨죽이며 들어 있었던 것임을 알겠다. 체념이 켜켜로 쌓이다 보니 그 무게에 눌려서 어머니는 더 사시지 못한 것일까.

3월 30일

오는 듯 마는 듯, 하루 종일 비가 내렸다.

2주 만에 한 번씩 쉬는 토요일, 아침부터 딸아이의 방, 빈 책상 앞에 앉아서 아이에게 편지를 쓰던 남편이 11시쯤 제법 두툼한 편지 봉투를 하나 들고 나왔다. 그리고는 월요일 아침에 띄워도 좋을 것 같은데 굳이 오전 중에 꼭 발송하겠다고 우비를 걸치고 나선다. 아이가 떠나기 전에는 매일이라도 편지를 쓸 것같이 이야기하던 남편이 한 달 만에 이제 겨우 편지 한 통을 썼다. 그러고서는 하루라도 빨리 받아 보도록 하고 싶어 평소의 게으름을 잠시 뒷전으로 돌린 것이다. 편지봉투를 손에 들고 동네 우체국까지 긴 내리막길을 터벅터벅 걸어갈 빗속의 남편을 떠올리다 보니 어디선가 책에서 읽은 것 같기도 하고 영화에서 본 것 같기도 한, 어느 늙은이의 쓸쓸한 모습과 겹쳐진다.

가는 길에 이왕이면 아이가 두고 떠났다가 편지로 보내 달라고 한 금년도 제 생활 가계부도 같이 부치도록 떠맡겼다. 편지를 부치고 돌아온 남편 얼굴에는 진달래 꽃잎 두어 장 크기만 한 발그레한 미소가 모처럼 얹혀 있었다.

아이의 책상 달력은 아직 3월, 그 옆 피아노 위의 사진틀 속에서 아이는 오늘도 여전히 웃고 있다. 세월은 가고, 이제 내일모레면 4월이다.

(1996년)

그런 대로 한 세상

어제 모처럼 아주 신나는 일이 하나 생겼다. 슬며시 웃음이 번져 나오는 글 한편을 읽은 것이다. 영국 사람들이 반응이 느리다는 것을 묘사한 것이었다.

영국 사람들이 죽어 묻혀 있는 시민 묘지에 가면 여기저기 묘석 아래서 온갖 웃음소리가 들려온다는 것이다. 언뜻 들으면 소름이 끼칠만한 섬뜩한 이야기이이다. 그러나 사실은 그게 아니었다. 살아있었을 때 들었던 이야기가 무덤 속에 묻힌 후에 그제야 비로소 우습게 느껴져 무덤 속에서 웃는 소리라고 한다.

'아아! 이 사람들도 나처럼 형광등과인 모양이다, 그래서 난 영국 사람들을 나도 모르게 좋아하는 것일까?' 나는 오래 미루어 오던 숙제를 푼 듯한 느낌마저 들었다. 그리고 자연스럽게

10년쯤 전 파리에서 런던으로 가는 기차 속에서 본 장면 하나가 떠올랐다.

내가 앉은 좌석에서 엇비슷이 보이는 창가 좌석에 은발의 노신사가 한 사람 자리를 잡고 조용히 책을 보고 있었다. 주위의 소리까지도 잠재우는 듯이 사뭇 조용한 분위기였다. 그런데 얼마쯤 시간이 지나자, 그가 가방을 열더니 역시 조용조용히 뭔가를 꺼내었다. 착착 접은 빳빳하고 새하얀 냅킨 한 장이었다. 그는 그것을 펴서 좌석에 붙어 있는 간이 식탁 위에 반듯하게 깔고 접시와 나이프, 포크를 꺼내 올려놓았다. 식사를 하려는 것 같았다. 그런데 그가 꺼낸 것은 빨간 사과 한 알이 전부였다. 그것도 크기가 어린아이 주먹만 한 작은 영국 사과였다. 그는 천천히 사과를 깎아 몇 쪽으로 잘라 접시 위에 올려놓고 그제야 포크를 들고 조용히 한쪽씩 먹기 시작했다. 나는 벌어진 입을 다물지 못하고 바라보고 있었다.

그 후, 두고두고 영국 사람들에 대한 이야기할 때마다 그것은 내 이야기의 단골 메뉴가 되어왔다. 그리고 어제 그 글을 읽은 후, 다시금 그 장면이 생각난 것이다.

여러 번 말한 적이 있지만, 난 완전한 '형광등과'이다. 매사에 반응이 느리다는 이야기이다. 반응이 느리다는 것은 답답하다는 뜻이 짓누르듯 무겁게 등에 업혀 있다. 그리고 그것은 평생 동안 날 따라다니는 커다란 내 콤플렉스이다. 그러다 보니 자연스럽게 자기보호본능이 발동을 하는 것인지, 그런 자신을 얼버무려 감싸듯 난 무엇이든 디지털적인 것보다는 아날로그적인 것을 좋아한다고 떠들며 살았다. 빠른 지름길을 찾아가는 것을 좋아하지 않으며, 멀어도 애초의 길을 돌아가는 것을 좋아한다고 되지도 않는 고집을 피우고, 속성이나 단기 완성이니 하는 말을 소름끼치게 싫어한다고 이마에 주름을 모으며 말한다. 자기 보호본능이라는 것이 나도 모르는 사이에 내 안에서 터를 잡고 앉아 철저하게 주인 행세를 하고 있다.

그런데 말은 그렇게 하면서도, 이건 팽팽 돌아가는 현실을 따라가지 못하기 때문에 핑계를 둘러대는 것이나 아닌지, 매번 말을 할 때마다 기실 찔리는 구석이 없는 것도 아니었다.

어제 책을 덮으며 나는 좋은 핑겟거리를 하나 찾은 것처럼 의기양양해졌다. '형광등과인 나, 아날로그적인 나, 반응이 느린 나, 그런대로 한 세상 그냥 저냥 살아야지 뭐.'

제각기 다 제 나름대로 살아가기 마련인가 보다.

(2008년)

3부

숲 속으로 난 길
정적의 빛깔
길든다는 것
철든다는 것
여자답다는 것
덫
신호등
숲은 보지 못하고
사각지대
낙법 연구

숲 속으로 난 길

서재의 책 정리를 시작한 지 두 달이 가까워온다. 그러나 앞으로 그보다 훨씬 더 긴 시간이 지나야 어느 정도 정리가 될 듯싶다. 애초부터 그렇게 간단한 일은 아닐 것이라고 막연히 걱정은 했었지만, 실제로 해보니 역시 시간과 품이 여간 드는 일이 아니다.

무엇인가를 버리는 일, 더더구나 책을 버린다는 일은 평소 거의 생각조차 하지 못하고 살았다. 자연히 이십여 년 간 직접 사들이거나 남에게서 받은 것들을 그저 모아두기만 했고, 방이 드디어 그 한계에 이르렀었다. 급기야 최근에는 필요한 책을 찾으러 들어갔다가 끝내 찾지 못하거나, 책 하나를 찾으려고 여기저기 기웃기웃하다가 엉뚱한 책에 붙잡혀 시간을 다 보내게 되어 낭패스럽게 되는 일이 잦아지게 되었다. 결국 그 궁여

지책으로 이제 책을 좀 정리해야겠다는 결심을 하고 시작한 일이다.

사실 내 궁핍한 어휘력 때문에 앞에서 '서재'라는 표현을 쓰긴 했지만, 솔직히 말해서 나는 그 말을 쓰는 마음이 퍽이나 편치 못하다. 여러 가지 면에서 서재라는 말이 어울릴만한 공간도 아닐 뿐더러, 명사도 이름난 학자도 아닌 내가 그런 말을 쓰는 것이 왠지 조금 송구스럽고 서재라는 말 자체에게도 좀 미안한 감이 들어서이다. 그 방을 부를 때, 평소에도 나는 늘 '책이 있는 방', '책방'이라고 부른다. 책을 넣어두고 책을 쌓아둔 방이라는 그 표현이 더 마음에 들기 때문이다.

정리를 시작한 지 처음 보름쯤은 예정했던 날짜를 헤아리며, 진전되지 못하는 상황에 짜증이 났었다. 그러나 차츰 그런 감정이 사라져 갔다. 솔솔 다른 재미를 느꼈기 때문이다. 버릴 것인가, 그냥 둘 것인가를 가려내기 위해서는 대강이라도 책을 들추어보아야 한다. 그런데 그러는 과정에서 발목을 잡히는 일이 자꾸 생겨났다. 처음에는 시계를 자꾸 들여다보며 잡힌 발목을 몇 번이나 뿌리치기도 했다. 그러면서도 어느덧 나는 발목을 잡힌 채 색다른 재미에 서서히 빠져버리게 되었다. 책 더미 사이를 비집고 간신히 엉덩이를 들이밀고 쭈그리고 앉거나 책 더미 위에 엉거주춤 앉아 내 시선을 붙잡는 글자들을 읽어가는 맛이 여간한 것이 아니었다. 어머니가 미리 장만해 감춰놓으신 명절 음식을 살짝살짝 훔쳐 먹던 그런 맛이었다고

나 할까. 아니 그것은 흙냄새와 나무 냄새가 어우러진 비 온 뒤의 숲 속을 걷는 느낌이기도 했다.

몇 년 전, 친구들과 벼르고 별러 광릉 숲을 찾아간 적이 있었다. 여름이 가을로 넘어서는 길목이었다. 보이는 것은 온통 나무와 잎들 뿐, 거대한 마른 스펀지가 물을 빨아들이듯, 세상의 잡다한 것 모두를 그 숲이 널따란 치마폭으로 싸안고 있었다. 제법 큰 길을 벗어나 발길이 숲 속으로 들어서서 조금 내딛는 기색이기만 해도, 여기서도 또 저기서도 예쁘고 작은 오솔길들이 여기요, 여기요, 하며 작은 손으로 부르는 듯한 착각이 들었다.

숲에는 널찍하고 훤한 길만이 있는 것이 아니었다. 여기저기에 보일락 말락 하는 작은 오솔길이 수없이 나 있었고, 언뜻 보면 길이 아닌 듯싶다가도 발을 들여놓아 다가가 자세히 들여다보거나 발끝으로 살짝 헤쳐 보면, 누군가 이미 지나간 흔적이 보이는 길도 있었다. 때로는 아무런 흔적은 보이지는 않지만 왠지 한번 가보고 싶고 가볼 만하게 느껴지는 길도 많이 있었다. 그 숲길의 정경에 홀딱 빠진 우리는 당장 한마음이 되어 큰 소리를 쳤다.

"1년에 한 번씩이라도 꼭 이 숲에 오자!"

이 책 저 책을 들추다 보니, 유명한 대가나 이름난 석학들이 쓴 책만이 집에 간직해야 할 만한 책은 아니라는 생각이 들기도 했다. 건방진 마음에 평소, "뭐 이런 책이 다 있담?" 하며 하찮게 생각했던 것이나 대수롭지 않게 생각하던 사람들의 글 속에도 내가 읽어야 하고 또 읽고 싶은 것은 수없이 많았다. 그렇게 느끼다 보니, 잘 두었다가 '언젠가 다시 차근차근히 읽어보아야지.' 하며 도로 한 편에 쌓아두게 되었다. 그 결과 애초에 의도했던 대로 밖으로 내보낼 책의 숫자는 좀체 늘어나지 않았다. 자연히 방의 정리도 제대로 되지 못했다.

'언젠가 다시 차근차근히 보아야지'의 그 '언젠가'가 과연 언제가 될는지 알 수는 없다. 지금까지 책을 모아 둔 것도 그런 꿈속에 있었기 때문이기도 하고, 바로 오늘이 5년 전, 10년 전, 아니 1주일 전에 생각하고 기대하던 그 '언젠가'인지도 나 자신 모르기 때문이다. 그러나 나는 여전히 그런 꿈을 버리지 못하고 살고 있다. 이 나이가 되도록 현실화시키지 못한 꿈을 정녕 꿈이라고 말할 수 있는 것인지, 아닌지 잘 알 수는 없지만, 나는 그래도 그것을 계속 꿈이라고 부르고 싶다.

책 정리를 한답시고 방을 들락거리며 나는 그날의 광릉 숲의 정경이 종종 되살아나곤 했다. 책이라는 이 거대한 숲에도 미리 나 있는 길만이 아닌, 한 걸음 한 걸음 내딛어야만 비로소 눈에 들어오는 그런 길이 수없이 있다는 것을 알아간다고나 할까. 없는 듯하지만 찬찬히 들여다보면 어딘가로 통하는, 수줍음 타는 작은 숲 속 오솔길이 보이듯, 어느 책이라도 애정을 가지고 읽어가다 보면 어디에나 새로운 길이 보였다. 또한 예전에 몇 번 갔던 길도 세월을 등에 업고 다시 또 가보면, 그때는 미처 보지 못했던 새로운 길을 만나기도 했고, 걸음의 속도를 조금만 늦추어도 지나치는 숲의 모습이 얼마나 달라지는가 하는 것도 새삼스럽게 느끼곤 했다. 또한 무심코 이끌려 가다가 문득 멈추어 서서 둘레를 휘휘 돌아보면, 내가 이끌려 온 길이라는 것은 늘 나 자신을 향해 가는 길이 된다는 것을 느끼게 될 때도 많았다. 시간을 잊고 이 책 저 책을 들추는 짓은 결국 내 속에 있는 나를 찾아서 헤매고 다니는 발걸음이라는 생각이 들었다.

책 정리를 한다고 오늘은 나를 대신하여 남편이 책방으로 들어갔다. 그러나 들어간 지 벌써 몇 시간이 지났건만 그 방에선 아무런 기척도 없다. 그도 또 어느 책갈피엔가에 발목을 잡혀 숲 속을 헤매고 있을 것이다.

(1993년)

정적의 빛깔

한 달에 한 번, 민방위 날이 되어 마지막 사이렌 소리가 긴 꼬리를 끌고 사라져 버리면 주위가 삽시간에 다른 세상이 된 듯 조용해진다. 평소에 우리가 얼마나 많은 소리의 벽 속에 갇혀 살아가고 있는가를 실감하게 되는 순간이기도 하다. 그러나 그 낯선 고요 속에서 나는 어쩐지 금세 불안해져서 방안에 가만히 앉아 있지를 못하고, 하던 일도 멈추고 슬며시 창문을 열고 거리를 내다보곤 한다. 온갖 소리들이 뭉텅 끊겨 나간 거리는 모든 것이 정지된 듯이 보이고, 바람조차도 숨을 들이쉰 채 꼼짝도 하지 않고 있는 듯하다. 사이렌 소리의 뒤를 따라온 이 불안한 느낌은 온갖 소리들이 일상의 제자리로 모두 돌아와야 끝이 나곤 하는데, 그 정적 속에는 웬일인지 먼 기억 저편에서 아스라이 떠오르는 어린 날들의 하얀 빛깔들이 언제나 자리를 차지하고 있다.

몇 살쯤이었을까. 냇가의 둑 위에 앉아 토끼풀을 뜯어 반지를 만들고 시계도 만들고, 목걸이도 팔찌도 만들다 보면 뚜우우! 하고 긴 자락을 끌며 정오를 알리는 사이렌이 울려 퍼져 왔었다. 그 소리에 문득 정신이 들어 주위를 둘러보면 세상은 온통 흰빛이었다. 냇가 자갈돌들 위에 눈이 부시도록 쏟아져 내리던 햇살 때문이었는지도 모른다. 냇가의 크고 작은 자갈들 위에는 양잿물에 삶아서 하얗게 바래기 위하여 널어놓은 이불 호청이며 광목 필들이 출렁거리고 있었고, 내리쬐는 햇볕을 받으며 흘러가고 있는 물결의 하얀 반짝임이 더욱 더 온 천지를 더욱 희게 만들어 가고 있었다. 부신 눈을 들어 하늘을 올려다보면, 방죽을 따라 늘어선 나무들이 백양나무가 아니었을 텐데도 잎들은 새하얗게 일렁거리고 있었고, 나뭇가지 끝 새둥지 위에 걸려 있는 구름은 파란 하늘 아래서 내 눈에 더욱 새하얗게 보였다. 뚝 아래쪽에 걸어 놓은 가마솥에서 무럭무럭 쏟아져 나오던 김이 슬며시 사라져 가버리던 나지막한 앞산 등성이까지 흰 덮개를 씌운 듯했었다.

내 어린 눈에 맨 처음 담긴 세상은 그렇게 온통 하얀 빛이었다. 좀더 자라서, 운동장 한가운데서 사방치기 놀이를 하다가 문득 올려다보던 하늘도, 담임선생님을 따라 퇴비를 만들기 위하여 풀을 베러 간 들판에서 한참 만에 허리를 펴고 둘러본 세상도 늘 하얀빛이었다. 지금 생각하면 어린 날의 그 하얀 빛들이 먼 산 너머에 있는 바깥세상을 더욱 궁금하게 만든 것 같기도 하다.

늦은 밤, 책상머리에 앉아 있던 아이가 "집안이 너무 조용하니까 이상해."하며 불안한 얼굴로 방에서 튀어나왔다. "조용하면 공부 잘되고 오죽이나 좋아."하고 나는 눈을 흘겨 주긴 했지만, 도시 속의 생활이라는 것이 수없이 많은 소리들과 함께 사는 것이고 보면, 그렇게 쥐어박듯 야단을 칠만한 일은 아니라는 생각도 사실 들었다. 그러고 보니 텔레비전의 스위치를 끈 지도 이미 오래되었고, 밤이 깊어 감에 따라 줄지어 들려오던 자동차들의 소음도 어느덧 뜸해 있었다.

오늘 아침에는 채 물러서지도 않은 어둠 속에서 큰길을 달려가는 구급차의 숨 가쁜 소리로 하루가 시작되었다. 하나의 생명이 숨을 헐떡이며 비상등을 켜고 달려가는 소리가 붉은 빛깔을 토해내고 있었다. 그리고 조금 지나자 아래윗집에서 들려오는 수돗물 소리, 문 여닫는 소리, 홈통을 타고 흘러내리는 물소리, 이른 출근길에 나선 자동차들의 엔진 소리, 아무개야 빨리 나와라 학교 늦겠다, 재촉하는 소리, 많은 소리들이 제각기 다른 색깔을 뿜어대며 들려왔다. 그리고 또 얼마 있지 않아, 목청의 한쪽 끝을 꽉 잡아매고 느릿느릿 한껏 늘어진 소리로 외치며 가는 세탁소 집배원의 목소리가 지나가고, 이어서 초록빛의 인터폰 소리, 야쿠르트 아줌마의 살굿빛 같은 소리도 들려왔다. 많은 소리들이 섞여 하루를 온갖 색깔들로 칠하기 시작했다. 그 가운데에는 때가 되면 별 볼일이 없어도 으레 들려오고 또 기다려지는 나른한 연노랑의 소리들이 있고, 소방차나 경찰 사이드카가 눈을 부릅뜨고 달려가다가 끼익! 하고 급브레이크를 잡는 자동차의 새파랗게 질린 빛깔의 소리도 있다.

수없이 많은 소리들이 서로 머리를 들이밀어 오색의 벽을 만든다. 그리고 나는 이제 그 가지각색 소리와 현란한 빛깔의 벽 속에 끼어 그것들과 함께 사는 것에 너무나 익숙해져서, 정적의 하얀 빛깔은 그만 까맣게 잊어버리고 있었다. 그리고 많은 소리의 빛깔 속에 섞여 있는 것에 차라리 안심하고 있는 것이다.

지금에 와서 이 주름진 나이에, 어린 시절의 그 냇가엘 다시 찾아가 보면, 정적의 그 하얀 빛깔을 또 다시 만날 수 있는 것일까.

(1989년)

길든다는 것

새벽 바다는 잿빛이다. 사그라진 불꽃 뒤에 남아 있는 엷은 회색 빛깔이다. 이내, 잿빛으로 조용히 가라앉아 있던 바다가 띄엄띄엄 떠있는 섬들을 거느리고 서서히 다가온다. 조금씩 또 조금씩 바다, 그 파란 빛깔이 살아나온다. 엊저녁 일기예보대로 오늘 이곳의 날씨는 꽤나 맑을 모양이다. 새벽잠을 일찌감치 털어 버리고 나온 사람들이 타원형 해안, 하얀 모래밭 위에 서서 새벽 바다를 맞이하고 있다. 어깨를 나란히 하고 말없이 걷는 이들도, 장난기 어린 웃음소리가 쿡쿡! 하고 여기까지 들려올 듯, 앞서거니 뒤서거니 달음질하는 이들도 있다.

그런가 하면 서로 허리를 감싸고 느릿느릿 걷고 있는 남녀도 있다. 멀리 내게까지 느껴지는 그 분위기로 보아 한겨울 움파 빛깔을 닮은 노란 신혼부부들이 많은 듯하다. 새로운 시작 앞에서 그들이 주고받는 이야기는 과연 어떤 것일까를 잠시 생각해 본다. 한 사람의 아내가 된다는 것, 지아비가 된다는 것, 또한 어른다운 어른이 된다는 것이 어떠한 것인가를 이야기하기에는 아직 너무 이를 것이다. 이제 막 잠에서 깨어나는 저 뿌연 바다처럼, 그들은 인생의 새벽 앞에 서 있을 뿐이잖은가. 그런 대화가 자연스럽게 그들 사이에 비집고 끼어들려면 앞으로 수월찮은 세월이 그들을 훑고 지나가야 하리라.

삶의 나이테를 겹겹으로 두른 사람들을 만나게 되면, 그 두께가 두꺼울수록 '이제는 부부가 마주앉아있어도 할 이야기가 별로 없다'라는 말을 자주 듣게 된다. 또 누군가가 부부싸움한 이야기를 꺼내면 '당신은 그래도 아직 젊군요'라는 말이 사방에서 튀어나온다. 다툴 일이 없다는 것은 둘의 사이가 늘 봄날의 밝은 햇살 같다는 의미만은 아닐 것이다. 더불어 살아가는 동안에 본래의 자기가 지니고 있던 각진 모서리가 야금야금 깎여 닳아 없어져, 그래서 설혹 서로 부딪치는 경우가 있어도 젊은 날처럼 그렇게 요란스러운 소리도 나지 않을뿐더러 심한 생채기도 일지 않는 것뿐일 것이다.

부부란 결국 서로 상대에게 길들여지는 것이 아닐까 하는 생각을 해 본다. 서로에게 길이 든다는 것은 익히 잘 알고 있는 길을 가듯, 속도를 줄여야 할 곳이라든지 돌아서 가야 할 곳, 그냥 냅다 달려도 좋을 곳 등을 미리 알고 있어 저절로 준비를 하게 된다는 것을 의미하는 것일 게다. 그렇게 하여, 되돌아

나올 수도 없는 막다른 곳에 몰리게 된다거나 이마가 벽에 부딪치는 것 같은 난감한 일들이 둘 사이에서 점점 줄어들게 된다는 것일 것이다.

삶의 폭이 그다지 넓지 못하고 성격의 앞자락 또한 답답하리 만치 좁다란 나는 때때로 가슴이 꽉 막혀오면 집안의 가구나 물건들의 위치를 바꾸어 놓는 것으로 바람 한 자락이나마 내 생활 속으로 끌어들이려고 한다. 바꾸어 놓아 봤자 거기가 거기인 작고 한정된 공간이기는 하나 그래도 얼마간 상큼한 기분을 느낄 수 있다. 얼마동안은 무심코 손을 뻗쳐 늘 그곳에 놓여 있던 일용품을 집으려다가 헛손질을 하여 웃음을 터뜨리기도 하고, 한밤중에 일어나 물을 마시러 캄캄한 부엌으로 가다가, 조금씩 옮겨 앉은 가구들에게 이마도 부딪치고 무릎을 채이기도 한다. 그러나 그 새로운 질서 속에 길이 들어 익숙해지는 것이 그렇게 오랜 시간이 걸리는 것은 아니다. 며칠 가지 않아 나는 모든 것이 그 옛날부터 그 자리에 있었던 것처럼 자연스럽게 느껴지고 아무렇지도 않게 행동하게 된다. 자다가 벌떡 일어나 불을 켜지 않고도 어디 한 군데 부딪치는 일 없이 부엌까지 갈 수 있게 된다.

몇 살까지라고 명확하게 선을 그어서 말할 수는 없지만, 사십을 훨씬 넘긴 후까지도 나는 가시같이 뾰족한 모난 성격을 곤두세우고, 걸핏하면 나 자신은 물론이려니와 다른 사람까지도 콕

쿡 찌르며 살아온 듯싶다. 주어진 환경에 순응하며 주위에 쉽게 길이 드는 것에 되지도 않게 심한 거부감과 저항감을 느꼈다. 그것은 자기 자신이 발전할 수 있는 여지를 없애는 일이라고 생각했다. 일찌감치 자신을 문 닫아 걸고 많은 것에서 자신을 포기하는 일이라고 여겼다. 그것은 자신보다 훨씬 게으른 사람들이나 무책임한 사람들만이 어쩔 수 없이 끌려가듯 저지르게 되는 비겁한 짓이라고까지 생각하던 그런 날도 있었다.

그러나 이즈막에는 길이 든다는 것이 아무런 비판도 없이, 그 속에 자기 자신을 형체도 없이 녹여 없애는 일만은 아닐 것이라는 생각을 할 때가 많다. 부부를 이루어 아내의 생활이나 어머니의 생활에 길이 드는 것, 또한 어른 노릇, 사람 노릇에 제대로 길이 잘 드는 것이 쓰레기통에 쓰레기를 냅다 던져 버리듯, 그렇게 자기 자신을 내다 버린다는 의미만은 아닐 것이라는, 일종의 의심이기도 하다.

흔히 첫 추위가 가장 춥게 느껴지고, 첫 번째 더위가 가장 견디기 힘들다고 한다. 또 추운 고장이나 몹시 더운 지방에 살던 사람이 환경이 바뀌었을 때 대부분 한 번씩은 호되게 앓아눕는 것도 여러 차례 보았다. 그런 것이 새로운 풍토나 변화된 날씨에 적응해 나가기 위해 피할 수 없는 통과의례라고 한다면, 우리가 무언가에 길들여지는 것은 바로 살아가는 일, 그 자체에 길들여지는 것이라고 말해도 좋은 것이 아닐까.

(1987년)

철든다는 것

밖은 아직도 어두운 밤이다. 창 너머에서 추적추적 내리는 빗소리가 겹으로 된 유리창을 통해 방안으로 기어 들어오고 있다. 비는 언제부터 내리고 있었을까. 청정한 가을 햇빛, 그 아래서 노란 옷으로 갈아입기 시작한 거리의 나무 가지들, 그리고 그저 버릇처럼 내뱉는 '바쁘다'라는 근사한 포장지 같은 말, 이런 저런 핑계에 밀려서 오랫동안 까맣게 잊고 있던 새벽 빗소리이다.

누구인가 반가운 이가 발소리를 죽이며 살금살금 다가오는 것 같은 느낌에 숨을 한껏 죽여 본다. 자리에서 몸을 조금만 뒤척여도 그 소리가 놀라서 뒷걸음을 칠 것만 같아 가만히 눈을 다시 감는다. 깊어 가는 가을, 이렇게 밤을 가로질러서 숨어 들 듯 내리는 비는 다가오고 있는 겨울의 전령일 게다. 이렇게 한 차례 비가 지나고 나면, 열어 놓은 그 문을 통하여 겨울이 의젓한 얼굴로 들어설 것이다. 그렇게 들이닥친 겨울의 당당한 표정에 기가 죽어 또 한 해가 그림자만 남긴 채 떠밀리듯 떠나갈 것이다.

한 해가 마지막 장을 그렇게 접고 말면, 나는 또 몇 살이 되는 것일까. 손을 꼽다 보니 잠 속에서 어렴풋이 듣고 깨어 난 빗소리가 웬일인지 놓쳐 버려서는 안 될, 소중한 것처럼 느껴진다. 소중히 하고 싶은 것이 많아진다는 것은 무얼 뜻하는 것일까. 이제 무엇인가 조금은 알만한 나이에 이른다는 것일까. 그러나 무얼 좀 알만하다는 것이 쩔쩔매던 수학문제를 거뜬하게 풀어냈을 때처럼 그렇게 날아갈 듯 마음 가벼운 것만은 아닌 것 같다.

"당신은 언제 철이 들지?"

남편은 종종 유행가의 후렴구를 읊조리듯 내게 말한다. 나는 본래 수더분한 성질이 못되는데다가 어디서나 먼저 화제를 끌어낼 줄도 모른다. 다른 사람들의 이야기에 재치 있게 응하지도 못하고 사근사근하지도 못한 성격이다. 그런 탓에 여러 사람이 모이는 곳에 가는 것을 나는 무척 어려워한다. 이 핑계 저 핑계를 내세워서 될 수 있는 한 피해보려고 한다. 그러다 보면 때로는 예의에 어긋나는 행동을 하게 되는 일도 있다. 그럴 때 특히 남편의 후렴구는 더욱 자주 튀어나온다. 생각해 보면, 그 밖에도 나는 아무것도 모르는 철부지처럼 행동을 할 때가 많다. 내리막길을 만난 수레바퀴처럼, 그렇게 가속이 붙어서 내달리는 세월의 박자에 발을 맞추지 못해 심한 멀미를 느끼고 기진해버리는 그런 날들이 여러 날 계속되거나, 혹은 여러 달 계속되기라도 하면 그런 일들은 더욱 잦아진다. 그럴 때면 남편의 사정을, 우리의 형편을 뻔히 알면서도 나는 쫑알거린다. 영화 〈아웃 오브 아프리카〉 첫 장면에 나오는, 나이로비와 몸바사 사이를 달리는 열차를 왜 우리는 타러 가지 않는 거냐고 억지를 쓰기도 하고, 어느 한적한 교외에 깨끗하게 손질된 테니스장이 딸린 전원주택을 가질 수 없을까 하고 꿈같은 바람을 읊조리다가 남편의 그 후렴구에 부딪치기도 한다.

때때로 저녁식사를 끝내고는 꼼짝도 하기 싫어져서, 아무리 둘러보아도 대신 설거지통 앞에 서줄 이가 없다는 것을 뻔히 알면서도 아무도 없는 부엌에 대고 큰 소리로 부른다.

"순자야, 영자야, 저녁상 났다!"

그런가 하면, 텔레비전 쇼에 나와 열창하는 가수의 몸짓 하나하나에 열광하는 소녀들처럼, 때로는 나도 딸아이의 눈치를 슬금슬금 봐가며 수상기 앞에 앉아 소리를 지른다. 때도 없이, 영화 〈사운드 오브 뮤직〉에서 준 에리슨이 '도레미 송'을 부르던 초원이나 눈 덮인 히말라야로 트래킹을 떠나자고 노래를 부르는가 하면, 겨울 바다가 보고 싶다느니 가을 빗소리가 나를 슬프게 한다며 눈물을 찔끔거리기도 한다.

모두가 살아온 내 생활과 세월을 잠시만이라도 머릿속에 떠올려 보면, 금방 얼굴을 붉히며 뒤로 물러서 버리게 될 일들이다. 깊이 생각할 것도 없이 고개를 옆으로 살짝 돌리기만 해도, 모두가 입 한 번 뻥끗하지 못 할 일이라는 것을 뻔히 안다. 그러면서도 그런 내 현실은 꽁꽁 싸서 높다란 선반 위에 던져 올려놓고 터무니없는 기대를 쌓기도 하고 턱없이 애꿎은 세상을 향해 눈을 흘기기도 하며, 입을 삐죽 내민다. 자신은 뒤로 감추어 놓고, 이 사람 저 사람 괜한 허물을 들춰내 입에 올리기도 한다. 문제는 이런 나의 느닷없는 공격이나 어처구니없는 소원을 받아주는 이가 있을 리가 만무하다는 이야기이다. 자연히 한동안 그렇게 하다가 스르르 난 제풀에 꺾여 버린다. 그리고 돌아서서 '철이 들려면 아직도 멀었구나' 하고, 쯧쯧 자신을 향해 혀를 찬다.

철이 든다는 것은 무얼 의미하는 것일까. 살아온 세월들이 거느리고 온 많은 경험들을 자신의 기억의 창고 속에 쌓아두었다가, 무슨 일이 닥칠 때마다 꺼내어 보며 할 일을 일일이 가늠하는 것일 게다. 언제나 정확하게 사리를 분별하고 매사에 빈틈없이 행동하며 판단과 선택을 항상 올바르게 하기 위해 애를 쓰게 되는 것일 것이다. 그러나 지금도 나는 왠지, 매순간을 그런 사람으로 살아간다는 것은 생각만으로도 외로워지고 쓸쓸해진다. 숨이 턱턱 막히는 것도 같다. 종종, 한 순간씩 모든 사고의 문을 닫고, 정지된 화면에서처럼 그렇게 멈추어 서서 한껏 게으름을 피웠으면 좋겠다는 생각도 해 본다. 주위와 나 자신까지도 깜짝깜짝 놀라게 하는 그런 짓도 때로는 서슴없이 하면서, 그런 일들을 나의 소중한 일부로 옆구리에 끼고 살고 싶기도 하다. 이렇듯 아직도 내게는 철이 든다는 것이 꿈을 잃어버리는 일로만 생각이 든다. 그리고 나는 언제까지라도 꿈을 잃은 사람이 되고 싶지가 않다.

'당신은 언제 철이 들지?'

남편의 후렴구는 아마도 영영 계속될 듯하다.

(1987년)

여자답다는 것

발걸음을 떼어놓을 때마다 쿵쾅쿵쾅하고 온 집안을 울리며 걷는 딸아이의 걸음새가 못마땅해서 나무라는 말끝에 자신도 모르게 '여자답지 못하게'라는 꼬리를 단다. 아직도 내 머릿속에 박혀 있는 여자의 걸음걸이라고 하면, 긴 복도를 실내화의 뒤꿈치를 들고 고개를 반쯤 숙인 채 한쪽 켠으로 비켜서 걷던 여학교 시절과, 아버지 방 앞을 지나갈 때면 삐걱거리는 소리를 내지 않으려고 마루의 이음새 부분을 골라서 밟으려고 애쓰던 기억들이다.

그러나 아이의 뒤통수에 주먹 알밤을 먹이듯 야단을 쳐놓고도, 어쩐지 자신의 목소리에 뒷힘이 실려 있지 못하다는 것을 어렴풋이 느낀다. 요즈음 내 눈에도 여자의 것, 남자의 것으로 갈라서 구별할 수가 없도록 혼동시키는 일들이 한 둘이 아닌데, 그런 엄마의 말이 어린 아이에게 얼마나한 설득력을 가지게 될는지 사실 자신이 없다.

얼마 전 텔레비전 화면에 비추이던 어떤 패션쇼의 장면들이 눈앞에 어른거린다. 이름은 의상 발표회였지만 내 눈에 놀랍게 보인 것은 새로운 스타일의 의상이 아니라 빠른 걸음으로 속속 등장하는 모델들의 모습이었다. 살짝 웃음을 띤 채 아름답게 보이려고 애를 쓴다거나, 우아한 품위를 내보이려고 하던 것은 먼 옛날이야기가 된 느낌이었다. 하나같이 잔뜩 성이 난 표정이거나 금방이라도 덤벼들 듯한 사나운 기세를 강조하는 듯하다. 발걸음도 아주 도전적이어서, 애써서 좋은 평을 하자면 상당히 당당하고 씩씩하다고나 할까. 아무리 아름다움이 문제가 아니고 개성이 중요한 시대라고 해도, 보는 이들을 위협하고 무시하는 듯한, 어떻게 보면 위에서 군림하는 듯한 태도에 나는 상당히 거부감이 일었다. 새로운 흐름이라는 것에 둔감할 수밖에 없는 내 나이나 내 환경을 감안해서, 양보라는 덤을 듬뿍 얹어서 생각을 해봐도 여자라든가 아름다움이라든가 하는 것 하고는 사뭇 거리가 있는 느낌이었다.

고층 아파트에 살다보니 나가고 들어올 때 엘리베이터를 타야만 한다. 그럴 때마다 그 좁은 공간 속에서의 처신에 신경이 쓰이는 것을 십오 년이 넘도록 졸업을 하지 못하고 있다. 천성적으로 사교적인 구석이라고는 전혀 없으니 내려오고 올라가는 짧은 시간이지만 그 네모난 작은 공간 속에서 시선은 어디에 두어야 하며, 낯익은 얼굴들을 만났을 때 어떻게 해야 할까 하는 것들이 늘 마음에 부담을 준다.

내 자신이 그런 처지이고 보니 남들도, 그중에서 여자들을 유심히 보게 된다. 조심스런 태도를 보이는 사람들에게 무조건 호감이 간다. 다른 사람이 엘리베이터 안으로 들어올 때 약간 비켜서주는 몸짓이라든지, 들어설 때도 다소곳하게 한쪽으로 들어서는 사람들이다. 그 대신 가장 언짢은 순간은 버릇인 양 한쪽 벽에 기대어 있는, 청소년들의 헤벌어진 모습을 만났을 때나, 눈을 아래로 착 내리깐 채로 누가 들어오든 나와 무슨 상관이람? 하며 싸늘한 바람을 일으키는 이들을 만났을 때이다. 비록 그것이 유행이라는 것이 몰고 온 잔물결의 하나일 게라고 생각은 하면서도 안타까운 마음이 드는 것은 어쩔 수가 없다. 어쩐지 세상은 그렇게 풀어진 모습으로 아무렇게나 살아서는 안 될 성싶고, 또 그렇게 내리깐 눈으로 이 세상과 사람들을 보며 살아가는 것도 웬일인지 슬픈 일일 것만 같이 느껴진다. 쓸데없이 지분대는 노파심이라고 해도 할 말은 없고, 아직도 내가 '세련'이라는 말과는 거리가 먼 고리타분한 생각 속에 머물러 있는 것이라고 해도 할 말은 없다.

어쩌다 아버지 어머니의 낡은 사진들을 들여다보면, 아무리 젊은 날에 찍은 것이라 해도 두 분이 나란히 서 계신 것이 별로 없다. 아버지는 늘 이만큼 앞쪽에 계시고 어머니는 뒤쪽에 조그맣게 계신다. 아버지는 저만치 앞서가시고 어머니는 한복의 넓은 치맛자락 끝을 한손에 잡고 늘 서너 걸음 뒤처져 따라가고 계신다. 그런 사진들을 한동안 넘기고 있노라면 그것들에 업혀서, 젊은 날 어머니의 불평이 섞인 목소리도 들린다.

"어디를 가도 아버지는 늘 당신 혼자 성큼성큼 저만치 앞서 가시다가 내가 다가가길 우뚝 서서 기다리신단다. 그리곤 내가 다가갈 즈음에는 다시 앞으로 가시곤 하시지. 먼저 가셔서 어차피 기다리실 것을 가지고 왜 그렇게 혼자서만 휑하니 가시는지 원."

나이가 조금씩 들면서, 나는 어머니가 일부러 아버지를 앞서 가시게 만드신 것일지도 모른다는 생각이 들곤 하였다. 무슨 일이나 아버지 뒤로 물러서 계시던 삶의 방식이 사진 속에서 그런 식으로 나타난 것이었을 게다.

한창 엉덩이에 뿔이 나고 잘난 체하며 시건방졌을 때, 나는 곧잘 그런 어머니를 답답한 분이라고만 생각했다. 종가의 맏며느리로 숱한 일에 부딪치면서도, 집안에 큰 소리가 나는 것이 싫다고 혼자서만 가슴을 삭이느라 애를 쓰는 어머니를 볼 때마다 나는 종종 소위 여자다운 처신에 시종하는 어머니에게 눈을 흘기기도 했었다. 그러나 빨강이라든가 노랑, 파랑의 색깔들이 제각기 확연히 독립된 색채를 지니듯, 여자답다는 것도 내가 어차피 여자로 태어난 이상은 흐트러짐 없이 지켜야 할 인간다운 사람의 확실한 덕목에 속하는 것이라는 생각을 해본다. 시대가 어떻게 변하고, 유행이라는 것이 또 어떻게 돌고 돌든, 사람이 살아가는 일 그 자체에는 변함이 없듯, 매사에 삼가는 듯한 삶에 대한 조신한 태도는 여자다운, 여자만의 양보할 수 없는 소중한 점의 하나라는 생각이 든다.

서너 발짝 뒤로 처진 사진 속의 어머니의 모습 위에 내 얼굴을 오려붙이는 심정으로 살아가는 나를 원한다. 시대에 한참 뒤떨어지는 생각일지언정, 세금이 더 나오는 것도 아닐 게다.

(1987년)

덫

그리스와 이집트 여행에서 돌아온 지 이제 겨우 일주일이다. 그런데 여전히 마음은 그리스의 지방도로를 달리고 있고 잠 속에서는 이집트 사막의 밤하늘 아래서 별을 보며 누워 있다. 어젯밤 꿈속에서 난 몽골 초원의 하얀색 유목민 집에 있었다.

나는 덫에 걸렸나 보다.

아침에 일어나 보니 커피가 반 넘어 남아 있는 머그잔이 식탁 위에 그대로 있었다. 커피는 바짝 졸아 든 한약 색깔이었다. 어제도 커피를 마시다 말고 딴짓을 하다가 잊어버렸을 것이다. 번연히 마실 시간이 없는데도 커피를 끓인다.

"엄마, 커피 드실래요?"

아이가 물으면 백번 다 "물론!" 한다.

찻집에 들어가 커피 이외의 것을 주문한 적이 거의 없다. 그 옛날 담배꽁초 삶은 것 같은, 쓰고 새까맣기만 한 커피를 내놓는 곳에서도 그랬다. 거품이 살짝 얹혀있는 갓 내린 따끈한 커피를 내놓는 집이면 무조건 '그 집은 무지무지 음식을 잘하는 집'이다.

나는 아무래도 덫에 걸렸나 보다.

(2008년)

신호등

서쪽으로 난 방, 창 너머로 내려다보이는 거리가 오늘따라 유난히도 깨끗해 보인다. 비가 지나간 탓만은 아닌 것 같아 자세히 보았더니, 길 건너편에서 얼마 전까지만 해도 온갖 잡동사니들을 길바닥에 흩어놓은 채 수리를 하던 점포 하나가 깨끗한 간판을 달고 물기를 머금은 나뭇가지 사이에서 바람이 부는 대로 살짝살짝 숨바꼭질을 하고 있었다. 또 어떤 가게가 새로 들어선 것일까. 간판에 씌어진 글자는 아물아물할 뿐, 확연히 눈에 들어오지 않고 내 망막에는 몇 년 전 이곳을 떠나간 한 부부의 얼굴이 떠올랐다.

이곳으로 이사를 와서 보니, 그 가게는 이 부근에서 가장 번창하고 있는 듯했다. 가게의 내부가 그렇게 넓은 편에 속하지도 않았고, 흔한 슈퍼마켓처럼 예쁘게 포장된 물건들이 빛 좋게 나열되어 있지도 않았다. 그냥 아무렇게나 마구 쌓아 놓은 것같이 많은 물건들이 가게 안을 잔뜩 메우고 있다는 인상이었다.

그러나 손님들이 무엇이든지 찾기만 하면 주인은 이 구석 저 구석에서 재빠르게 골라 내밀었다. 그 좁은 곳 어디에 그런 것들이 모두 박혀 있었는지, 또 그것들이 박혀 있는 자리를 주인이 어떻게 모두 기억하고 있는지 신통해 한 적이 한두 번이 아니었다.

그 가게는 다른 곳에 비해 물건 값이 약간 비싸기는 했다. 그러나 야채나 생선이나 언제나 물이 좋았고, 찾는 것은 무엇이든 지체 없이 구할 수 있다는 이점이 있어 나는 금세 단골이 되어 버렸다. 이웃들도 대부분 같은 생각이었던지, 그 가게는 늘 사람들로 북적거렸다. 젊은 주인 내외는 매일 이른 새벽부터 늦은 밤까지 밭에 있는 무처럼 내내 서서 일을 하고 있었다.

그렇게 삼사 년이 흐른 뒤, 그들은 큰길 건너편에 '찌개냄비 순두부'라고 씌어진 아크릴 등을 밝히고 새로운 가게의 주인이 되어 옮겨갔다. 가끔 빠끔히 열린 출입문을 통해 깨끗하게 정돈된 탁자라든지 잘 손질된 실내가 들여다보이기도 했다. 젊은 여자 주인에게서 싱싱한 푸성귀 같은 인상은 없어졌지만 그 대신 보글보글 따끈하게 잘 끓여낸 순두부찌개 같은 감칠맛이 그녀의 화사한 블라우스 밑에서 배어 나오고 있었다. 식당이 깨끗하고 음식 맛이 괜찮다는 소문이 나돌면서 그 가게의 출입문이 여닫히는 횟수가 부쩍 잦아지는 듯했다. 이제 더 이상 흙 묻은 야채를 만지지 않아도 되는 깨끗한 손으로, 식당에서 부족한 야채를 옛날 자신이 하던 식품점에서 고르고 있는 그녀의 모습이 저녁나절이면 자주 눈에 띄었다. 오전 중 가끔, 햇빛을 쐬러 그 집 앞에 나와 놓여 있는 화분들도 값이 나갈 만한 것은 별로 보이지 않았지만, 줄기는 통통하게 살이 올라 있었고 잎사귀에는 자르르 윤기가 흐르고 있었다.

그렇게 이삼 년이 또 흘렀다. 그러던 어느 날, 갑자기 그 집 앞 이마에 붉고 둥근 등 하나가 새롭게 내다 걸렸다. 출입문 꼭대기에서부터 일본잡지에서 흔히 볼 수 있는 감색 무늬의 헝겊 조각들이 늘어트려져 있었으며, 그것은 바람이 불 적마다 펄럭이는 가랑이 사이로 얼핏 얼핏 실내를 보여 주었다. 깨끗하게 새로 마련된 특수하게 생긴 조리대 앞에서 선 채로 생선을 굽고 있는 바깥주일의 모습이 보이기도 했고 카운터와 좌석 사이를 바삐 오가는 여주인의 치맛자락이 보이기도 했다.

동네 은행이나 길거리에서 어쩌다 마주치는 안주인은 볼 적마다 조금씩 세련된 모습으로 변해갔다. 때로는 그 모습이 예쁜 접시에 맵시 있게 잘 담아낸 오므라이스처럼 보이기도 하면서, 그 새로운 가게에서는 밤이 늦도록 흥청대는 불빛이 새어 나오고 있었다.

그러던 어느 날, 저녁을 간단히 먹고 들어갈까 하고 그곳으로 들어갔다. 그러나 조리대 앞에서도 카운터에서도 그들 내외의 모습을 보이지 않았다.

"사장님 내외분은 이제 이곳에는 잘 나오시지 않으셔요."

멀지 않은 번화가에 분점을 냈다는 이야기였다. 그 말을 증명이라도 하듯, 때때로 바쁜 걸음으로 와서 잠깐씩 가게 안을 둘러보고 돌아가는 그들 내외의 멋진 옷차림과 당당한 어깨가 창문 너머로 보이기도 했다.

그러나 그들의 모습이 화려하고 세련되게 되어 가는 것에 비해 그 가게 안에서 새어 나오는 불빛의 촉수가 점점 희미해지기 시작한 것은 그 후 얼마 지나지 않아서이다. 처마 끝에 늘어뜨려 놓은 헝겊 조각들이 뿌옇게 먼지를 뒤집어쓴 모습 그대로 힘없이 축 처진 모습으로 바람에 흔들거리고, 그 집 앞에 세워 놓은 아크릴로 된 간판 등의 한쪽 귀퉁이가 시커멓게 죽어 있는 것이 눈에 띄기도 했다. 한 달이 다 가도록 작은 화분 하나 햇볕을 쬐러 밖으로 나와 있지도 않았다. 가게는 점점 길가에 버려진 미아 같은 얼굴이 되어갔다.

얼마 지나지 않아, 그 집은 어두컴컴한 내부를 드러낸 채 대대적인 수리를 하는 모양이었다. 그 집 앞에 주렁주렁 매달렸던 헝겊 조각들이 길바닥에서 먼지를 뒤집어 쓴 채 바람 따라 뒹굴고 있었다. 그리고 이내 그 집의 높다란 이마에는 새로운 얼굴의 간판이 붙여졌다. 그들 내외가 두 곳에 있던 가게를 모두 정리하고 어디론가 떠나갔다는 이야기가 바람결인 양 들려왔다. 어떤 이는 그들이 아주 큰 음식점을 내어 옮겨갔다고도 하고 또 어떤 이는 그들이 무리한 사업 확장으로 빚을 짊어지고 잠적했다고도 했다. 오가는 풍문에 별로 귀를 기울이는 성격도 아니고, 궁금하다고 해서 누구를 잡고 물어보는 성질도 아닌 나는 그저 나 혼자, 종종 그들이 궁금했었다. 간간히 들려오는 것들을 종합해 볼 때, 아무래도 그들은 종적을 감춘 쪽이었다. 그리고 그 후의 소식을 난 아직 모른다.

지금도 가끔, 한바탕 수리를 하고 새롭게 들어서는 상점을 볼 때마다, 또 누가 망했느니 어느 가게가 한창 잘된다느니 하는 이야기를 들을 때마다 나는 그들이 다시 궁금해지곤 한다. 콧잔등에 송글송글 땀방울이 맺힌 채, 싱싱한 무처럼 내내 서서 일을 하던 때의 젊은 여주인의 얼굴이 떠오른다. 빨간불로 바뀌기 직전, 황색 불이 반짝이는 신호등을 무시하고 급한 마음에 그대로 뛰어 건너려고 했던 것은 아니었을까 하는 안쓰러움과 안타까움이 늘 명치끝에 걸린다.

요즈음 거리 곳곳에 신호등이 부쩍 많아졌다. 사람도 자동차들도 늘어나 적당히 눈치껏 지나가기에는 서로가 위험하다는 이야기일 것이다. 종종, 우리 생활 속에도 또 우리들 가슴속에도 신호등이 하나씩 있었으면 하고 생각할 때가 있다. 아무리 급한 마음이라도 빨간 불이 켜지면 멈추어 서고, 조금은 억울하고 손해를 보는 느낌이더라도 황색불에서도 멈춰서 기다리며 규정이나 속도, 차선을 느긋하게 지킬 수 있는 마음의 법칙을 지녔으면 싶다.

(1986년)

숲은 보지 못하고

거리를 지나다 보면 요즈음 들어 더욱 자주 눈에 띄는 것이 무슨 무슨 '전문'이라는 간판이다. 몇 년 전까지만 해도 그것은 아주 조심스럽게 마치 주위의 눈치를 살피기라도 하듯이 그렇게 숨죽이고 어쩌다 걸려 있는 듯싶더니, 날이 갈수록 제법 당당하게, 때로는 상당히 위협적인 냄새까지 풍기며 번져가고 있다. 강조를 하다 보니 간판에 쓰이는 색깔도 전보다 더 강렬해지고 크기도 점점 더 커지는 모양이다.

그 가운데, 흉곽 외과라든지 방사선과, 또는 항문과 치질 전문 등의 '전문 병원'의 간판은 그래도 비교적 다소곳한 편이다. 흔히 붉은 바탕에 희고 큰 글씨로 써놓은 음식점의 간판들은 사뭇 도전적으로 느껴지기까지 한다. 그런데 이상하게도 씌어 있는 글씨가 크면 클수록 내용은 극히 지엽적이고 아주 세세한 것일 때가 많다. 예를 들면, '생선 횟집'이 아닌 '도다리회 전문'이라든지 '세꼬치 전문'이라는 것들이 그렇다. 여자들이 주로 드나드는 미용실이라는 것도 이제는 그 기능이 극히 세분화되어 그냥 '미용실'로는 어딘가 좀 미흡한 모양이다. '커트 전문'이나 '파마 전문'은 옛 이야기이고, 파마도 무슨 무슨 파마 전문이어야 하고 '피부 미용 전문'도 최소한 '여드름 치료 전문' 쯤은 되어야 한다. 혹시, 잘게 나누어 세분화된 분야를 내세울수록 권위가 더 있는 듯이 느껴진다는 통계가 나왔는지도 모르겠다. 구체적이고 확실한 것만이 요구되고 인정되며 수용되는 시대의 흐름 탓일 수도 있겠고, 이제 너나없이 모두들 최소한 살아가는 데에는 한숨을 돌릴 수 있게 되다 보니 찾는 것도 더 특수하고 더 새로운 것, 더 전문적인 것들이 되는 것인지도 모르겠다.

매달 나오는 여성 월간지를 보고 있자면, 언뜻 보아 근사해 보이는 페이지일수록 그만큼 많은 수의 전문가 손이 투입된 곳임을 금세 알 수 있다. 어떤 페이지를 보면, 조경 미술가가 정원 꾸미고 건축가가 설계를 한 집, 실내 장식 전문가의 손을 거친 안락해 보이는 거실에서 의상 전문가가 만든 옷을 입고 헤어드레서라는 이름의 미용가가 머리를, 화장 전문가가 화장을, 손톱 미용 전문가가 다듬고 칠을 한 긴 손가락을 우아하게 내보이며 여인이 미소를 띠고 앉아 있다. 우아한 미소도, 의자에 걸터앉아 있는 모습도, 아마 또 그 방면의 전문가로부터 자문을 받은 것이리라. 모든 것이 각 전문가의 손에 의해 빈틈없이 만들어져서 하나의 작품으로 합성되어야 남 앞에 내놓고 보일 수 있는 세상이다. 그런데 문제는, 실제로 그러한 것이 우리의 시선을 붙잡는 것도 사실에 있다.

그러나 웬일인지, 그런 것을 볼 때마다 나는 이상스럽게도 로봇을 연상하게 된다. 기계라면 가장 단순한 청소기 하나 제대로 만지지 못하는 내가 그런 순간에 로봇을 연상한다는 것은 좀 엉뚱한 일일수도 있다. 그러나 내가 연상하는 것은 어떤 순간 로봇이 공중에서 산산이 분해가 되던 영화 속의 한 장면이다. 여러 전문가들의 손을 거쳐 각 부분이 주도면밀하게 만들어진 로봇이, 문외한인 내가 보기에는 하찮은 실수 하나로 어느 한 순간에 걷잡을 수 없이 분해되어 버리는 장면이다. 지금 우리의 생활이라는 것도 자칫 어느 한 순간에 극히 작은 이유 하나로 산산이 분해되어 버릴 것만 같아 아슬아슬하게 느껴지기까지 한다.

지금도 여전히 시골에서는 '내일 또 보세'라는 한마디로, 약속 장소나 시간을 정하지 않고도 내일의 약속이 이루어진다고 한다. 이럴 경우 만날 장소와 시간을 묻는 것은 우스운 짓이란다. 일일이 약속하지 않아도 하루 중에 밭이랑에서건 논두렁에서건, 아니면 마을 어귀나 회관에서 어차피 만나게 되는 생활이다. 그런 식의 삶을 우리의 아버지가 살아오셨고, 나 또한 얼마 전까지만 해도 그렇게 살아온 것이 아니었을까? 그러나 나는 오늘도 친구와 약속을 하며 어느 장소에서 몇 시, 몇 분에 만나자는 식으로, 자세한 계획이 서지 않으면 마음이 불안하다. 그래서 그런지 달음박질을 하는 아이처럼 나는 언제나 숨이 가쁘고 여유가 없다. 모든 것은 잘게 쪼개면 쪼갤수록 더욱 더 복잡해져 가는 것이 당연하다.

집안에 손볼 일이 이것저것 쌓이자 지난주 내내 그 걱정으로 뿌옇게 마음이 흐려 있는 날들이 계속되고 있었다. 서재에 칸막이 설치도 다시 해야 했고, 몇 년째 쓰던 에어컨도 점검을 해야 했다. 게다가 골치 아픈 전기 공사도 미루어 둔 것이 있었으며, 오래 전부터 남쪽 발코니에 무엇이라도 걸어 둘 수 있는 기구를 설치하는 것도 숙제로 남아 있던 일이었다. 어디에 전화를 걸어서 누구를 먼저 불러야 하는지, 비용은 얼마나 들 것이며 시간은 또한 얼마나 소요될 것인지 생각만 해도 머리가 지끈지끈했다. 미루어 둔다고 누가 대신 해결해 줄 일도 아니건만 자꾸 뒤로 미루고 또 미루어 오다가, 더 이상 참을 수 없게 되어 우선 '보수 센터'라는 곳에 전화를 해보았다.

"주인아저씨는 지금 전화를 가설해 주러 가셨으니까 조금 있으면 오실 거예요."

점원의 말이 채 끝나기도 전에,

"전화 설치도 그곳에서 해 줘요?"

나 자신도 모르게 큰소리로 묻게 되었다. 그러면서 머릿속은 이미 환하게 밝아 오는 것을 느꼈다. 전화를 한 지 한 시간 남짓 지나서 집으로 온 아저씨 한 사람 손에 의해 내 걱정거리들은 하나하나 거짓말처럼 쉽게 해결되어 갔다. 전기 일에도 목공일에도 아저씨의 손끝 하나에서 끝이 났다. 물론 이러한 모든 것을 각각 전문가에게 각각 맡겼더라면 뭔가 다를지도 모른다. 그러나 조금은 부족한 듯싶어도 나는 이것으로 대만족이었다.

감기라든지, 다른 대수롭지 않은 상처가 큰 병의 원인이 된 경우는 얼마든지 있다. 의사들도 한결같이 작은 증상이라도 무심코 지나치지 말고 검진을 받는 것이 큰 병을 미리 막는 방법이라고 말한다. 백 번 옳은 이야기이다. 그러나 때로는 그냥 지나쳐도 좋을 것을 후벼 파서 더 큰 상처를 입는 일은 없는 것일까 하는 생각도 든다. 세분화된 작은 일에 너무 매달리다가 나무만 보고 숲은 보지 못하는 그런 일을 자신도 모르게 저지르며 살아가게 되는 것이 아닐까 하는 두려움이 이는 날들도 많다.

속이 좀 거북하여 약국에 들르면, 고기를 먹었느냐 야채를 먹었느냐 가루음식을 먹었느냐 하고 꼬치꼬치 묻는 말에 점점 짜증이 난다. 소금이나 소다 한 숟갈 먹고 가슴을 쓸어내리던 그 날들과 내 작은 몸뚱이는 과연 무엇이 얼마만큼 달라져 있는 것일까? 나는 세월을 한 번 거꾸로 살아 보고 싶다.

(1989년)

사각지대

반포대교로 막 진입하려는 참이었다. 높은 클랙슨 소리를 질러대며 택시 한 대가 스칠 듯이 옆을 홱 하고 지나갔다. 내 앞쪽으로 달려가는 차체의 뒤꽁무니가 심하게 흔들리는 것은 그 차의 운전기사가 몹시 놀랐다는 표시일 게다. 기급을 한 것은 나도 마찬가지였다. 옆 거울에도, 뒷거울에도 보이는 차가 없기에, 안심하고 옆 차선으로 들어서던 길이었다. 운전석에 앉아 거울을 통해 옆이나 후방을 볼 때, 전혀 보이지 않는 부분이 있다는 것을 내가 또 깜빡 잊은 것이다. 조금이라도 다른 생각을 하다보면 여지없이 저지르게 되는 실수이다. 벌써 저만치 쏜살같이 달려 나간 택시를 향해 나도 모르게 "미안합니다." 라는 말과 함께 고개를 꾸벅했다.

그러나 다음 순간, 가슴속 어딘가에서 허기 같은 것이 느껴졌다. 자신의 실수를 스스로 별수 없이 인정해야만 할 때의,

그 어지럼증에서 오는 허기일 것이다. 마음속에서 이렇게 허기를 느낄 때, 나는 종종 공중을 신나게 날아다니는 꿈을 꿀 수 있는 사람이 있을까 하는 생각을 해 본다. 평소에 어떤 생각을 하면 그런 꿈을 꿀 수 있는 것일까.

시험지를 받아 들고 보니 아는 문제가 거의 없어 앞 뒷장을 수없이 뒤적이며 애태우는 꿈을 자주 꾼다. 알 듯한 문제여서 연필을 들고 달려들었는데 아무리 해도 답이 나오지 않는다. 뒷장으로 뒤집어 다른 문제를 보아도, 본 적도 들어 본 기억도 없는 생소한 문제뿐이다. 그런가 하면 내일이 개학날인데 숙제를 하나도 해놓지 않아 발을 동동 구르거나, 노트 검사를 하는데 노트 필기가 하나도 되어 있지 않아 막막했던 꿈도 자주 꾼다. 또 높은 곳에서 떨어지는 꿈을 꾸며 그 무중력감과 같은 절망적인 느낌이 전신을 조여 오는 일도 종종 있다.

어릴 적부터 걸핏하면 등장하곤 하는 이런 애타는 꿈들은 내 나이 몇이나 되어야 내게서 떠나갈까 늘 답답했다. 시험이라는 것하고는 아무런 상관도 없는 생활이 이십여 년도 훨씬 넘게 계속되고 있건만, 아직도 이런 꿈이 때때로 나타나 나를 식은땀에 젖게 한다. 분수에 맞지 않게 지나친 욕심을 탐하며 살고 있다는 이야기인지, 의식의 표면에 떠오르지는 않지만, 무엇인가가 내게서 자꾸 엇나가고 있다는 것인지 알 수가 없다. 꿈을 꾸는 것은 나 자신이면서 스스로도 알 수 없고 손도 닿지 않는 내 속의 사각 지대라고 제쳐놓을 수밖에 없다.

그런데 그런 내 속의 사각지대를 싫어도 인정해야만 하는 일들이 하나 둘 늘어 가고 있다. 이제는 꿈의 문턱을 넘어 현실의 내 생활 속에 미적미적 자꾸 엉덩이를 디밀고 들어온다. 현관문을 잠그지 않고 그냥 나온 것만 같아 헐레벌떡 달려가 보면 얌전히 잠겨 있는 것을 보게 되는 일도 있고, 가스 불을 끄지 않은 것만 같아 가슴이 콩닥콩닥해져서 몇 번이고 달려가 확인을 하는 일도 잦다. 많지도 않은 가족, 크지도 않은 살림이면서 단지 한 두어 달 전에 들여놓았던 것 무엇 한 가지라도 찾아야 할 일이 생기면 우선 겁부터 앞선다. 그런데 처음에는 그렇게 눈치를 보듯 주뼛주뼛 조금씩 디밀던 엉덩이를 이제는 제집에 드나들 듯 당연한 얼굴로 들이밀고 들어와 앉는다.

"여보, 내가 엊저녁에 들고 온 봉투 어디 두었어?" 하는 남편에게, "난 그런 것 본 적도 없어요." 하며 눈을 똥그랗게 뜨고 딱 잡아뗀다. 그리고 나중에 보면, 현관 앞에 얌전히 놓인 문제의 대상을 발견해도 이제는 머쓱해하지도 낯설어 하지도 않는다. 점점 그렇게 '내가 아닌 내가' 저지른 일 때문에 소란은 그치지 않고, 시간은 또 까맣게 질린 얼굴로 뭉텅 뭉텅 잘려 저만치 달아나버린다.

세월이 훨씬 더 흐른 뒤 나이가 더 들어, 자신도 모르는 사이에 내가 나를 붙들지 못하고 놓아버리는 그런 나이의 사각지대에 놓이게 되면 어쩌나, 생각만으로도 종종 너무 무섭다.

(1989년)

낙법 연구

짧게 오는 공을 받아치려고 뛰어가다가 계 여사가 앞으로 굴렀다. 운동화 밑창에 문제가 있거나, 너무 급하게 뛰어가려다 두발이 서로 엉켰을 것이다. 60중반을 넘은 나이가 나이인지라, 순간 함께 게임을 하던 모두가 숨을 죽였다. 앞이마가 깨졌던지, 쓰고 있는 안경이 뭔가 큰일을 저질렀던지, 아니면 어깨나 무릎 어딘가에 심한 골절이 생길 수도 있는 상황이다. 상대편 코트에 서 있던 내가 라켓을 던져놓고 달려갔더니, 계 여사가 어깨를 툭툭 털며 웃는 얼굴로 일어났다.

"괜찮아요, 아무 데도 다친 데 없어요. 내가 구르는 법을 좀 알거든요. 순간적으로 가슴을 오므리고 팔로 몸을 감싸 안았어요."

테니스 코트에서 종종 일어나는 일이다. 지난달에는 김 교

수가 머리 위로 훌쩍 넘어 오는 로빙 볼을 잡으려고 뒷걸음질을 치다가 뒤로 벌러덩 넘어진 적이 있었다. 저런! 위험해! 하며 모두 가슴 철렁해 했지만, 김 교수도 이내 운동복 바지엉덩이를 툭툭 털며 일어났다.

"이젠 내 몸이 넘어지는 법을 좀 알고 있나 봐요."

기계체조, 리듬체조 같은 것을 볼 때면 숨을 죽이고 있다가 늘 마지막 착지하는 순간에 박수를 치게 된다. 두 발이 바닥에 사뿐히 내려앉으며 하늘을 향해 두 팔을 높이 들고 고개를 뒤로 착 젖히는 순간, 누가 시키지 않아도 저절로 박수가 나온다. 물론 그것이 매끈하게 마무리 되지 않고 발이 두세 번 허둥거리며 몸이 중심을 잃거나 엉덩방아라도 찧게 되면, 그걸 보는 이의 안타까움은 이루 다 말할 수가 없다. 아! 하는 안타까워하는 신음소리가 합창하듯 여기저기서 터져 나온다. 착지하는 순간, 공중에서 떨어지는 그 순간의 모습이 그 모든 과정의 결과이고 마무리라는 생각을 모두가 무의식적으로 하고 있는 것이다.

가끔 산에 오른다. 두툼한 운동화 하나만 신고 현관을 나가면 바로 뒷산으로 오르는 길이 시작되는 곳에 운 좋게도 살게 된 덕분에, 자투리 시간에 산보하듯 가벼운 마음으로 나서기도 하고 그러다가 간혹 제풀에 짓이라도 나면 교외의 산을 기웃거리기도 하고, 또 어쩌다가는 전국의 여러 산을 넘보며 깜냥도 안 되는 욕심을 부려보기도 한다. 산을 오른다고 해서 무슨 심오한 생각을 하는 것도 아니요, 사랑스러운 눈길로 풀숲을 헤집어 본다든지 햇빛에 일렁이는 나뭇잎들을 으음! 예쁘다, 하며 정이 담긴 눈으로 바라보는 그런 타입도 난 아니다. 올라갈 땐 그저 무리하지 않게 체력을, 호흡을 조절하는 것만을 생각하며 걷고, 또 내려올 땐 헛발을 딛거나 미끄러지지 않고 무사히 발을 내려딛는 일에 온 신경을 쏟으며 내려올 뿐이다. 마음을 거의 백지상태에 놓고 그저 걷는다. 그리고 늘 올라가는 것보다 내려가는 일이 더 힘이 들고 중요하다고 생각한다.

그런데 뒷산을 느릿느릿 가든, 용기 내어 먼 산을 저벅저벅 가든, 여전히 극복하지 못하는 문제가 하나 있다. 가는 도중에 문제가 생기면 애초에 계획했던 것을 빨리 포기하고 돌아서서 내려와야 하는데, 돌아서는 것이 잘 되지 않는다. 급히 컨디션이 떨어졌다든지, 갑자기 날씨가 험악해졌다든지 하는 경우가 그런 경우이다. 입 끝으로는 돌아서자, 돌아서자 하면서도 미련을 버리지 못해, 갑자기 쏟아지는 폭우로 관악산 골짜기에서는 물에 떠내려갈 뻔했던 일도 있고, 갑자기 힘이 빠져 얼굴색이 하얗게 되고 귀가 멍멍해져 버리는 바람에 아무데나 풀썩 주저앉아 혼이 났던 적도 있다. 그러면서도 여전히 도중에 돌아서기가 그렇게 어렵다. 매번 고집을 부려 가족들의 눈총을 받기 일쑤다. 자신이 그런지라, 신문에서 히말라야 등반에 나선 산악인들이 악천후를 만나 몇 번째인가의 캠프에서 철수했다는 기사를 볼 때면, 그런 결정을 내리는 일은 정상에 태극기를 꽂는 일보다 더 어려운 일이었을 것이라고 나름대로 확실하게 단정한다.

그러나 생각해보면, 올라가는 것보다 내려오는 일이 더 힘이 들고 중요한 일이 어디 산행뿐이겠는가. 자의든 타의든 왕성하게 하던 일에서 조금씩 손을 떼며 자기 인생의 정점에서 내려오는 일도 아주 어려운 일일 것이요, 튼튼하고 건강하다고 뽐내던 몸에서 하나 둘 손을 놓는 일도 그러할 것이다. 기억력 하나만 철석같이 믿으며 수첩 같은 건 내 사전에 없다고 큰소리치다가 어느덧 무엇이든 수첩을 뒤적이어야 안심이 되는 자신을 인정하는 일은 더욱 그러할 것이다. 알듯 하면서도 여전히 나는 두 발이 안정되게 착지를 하지 못해 중심을 잡지 못하고 허둥거리고 있는 느낌을 견뎌내고, 많은 일에서 손을 거두고 자신을 접는 일에 낯설어한다. 내 삶에서 더 이상 만회할 시간이 남아 있지 않다고 느끼기 시작한 작년 올해 더욱 그러하다.

낙법, 구르는 법, 넘어지는 법, 돌아서는 방법, 그런 어휘들이 머릿속을 시끄럽게 휘젓고 다니는 나날이다.

(2008년)

4부

7월의 빗소리

아이가 탄 엘리베이터의 문이 닫히자마자 나는 집 안으로 뛰어 들어와 북쪽으로 난 창문을 열었다. 매일 아침마다 버릇처럼 하는 일이다. 아파트 현관을 나서는 아이에게 손을 흔들어주기 위해서였다.

창밖으로 목을 쑤욱 빼었더니 아이가 시야에 들어오기 전에 차가운 빗방울이 먼저 나를 맞았다. 아마도 내가 잠에서 깨어나기 훨씬 전부터 비는 내리고 있었던 모양이었다. 단지 내에 모양새를 갖추어 여기저기 심어놓은 나무들하며 크고 작은 정원석들이 이미 말끔하게 씻긴 얼굴이다. 밖에서는 비가 오는 줄도 모른 채 툴툴거리는 기분으로 잠자리에서 일어났고 그 후로도 한 시간 남짓을 빗소리를 전혀 듣지 못한 채 지났다는 사실에, 무언가 잔뜩 손해를 안은 듯 볼멘 심정이 되었다.

밖의 소리가 잘 들리지 않으니 비가 오는 것을 대부분 귀를 통해서가 아니라 눈으로 먼저 알게 되는 고층 아파트라는 내 삶의 현주소에 갑자기 정나미가 떨어지는 기분이었다. 비가 오는 소리에 잠이 깨었더라면 아침 시간 그 바쁜 손을 움직이면서도, 어쩌면 나는 한 폭의 작은 수채화를 머릿속에 그리지 않았을까. 빗소리에는 무엇인가 등을 떠다미는 듯한 그리움이 섞여 있다.

초등학교 사오 학년 때의 일인 듯싶다. 충청북도 옥천군에 있는 한 학교로 전학을 간 지 얼마 되지 않았을 때였다. 여름 방학이 되기 전이었다. 무엇을 관찰하러 그 멀리까지 갔는지 기억은 나지 않지만, 우리는 마침 인가가 없는 넓은 들 한 가운데를 걷고 있었다. 그런데 아침나절만 해도 비구름을 입 속에다가 물고 우물우물하기만 하던 하늘이 점심때가 지나자 기어이 빗방울을 뱉어내기 시작한 것이다. 먼 곳에 등을 돌리고 앉아 있는 낮은 산이 보일 뿐, 사방 천지에 비를 피할 곳은, 하다 못 해 큰 나무 한 그루 없었다. 우리는 뛰기 시작하였다. 그러나 상당히 뛰었는데도 비를 피했다가 갈만한 곳은 나타나지 않았고 빗줄기도 약해지지 않았다. 옷도 신발도 머리도 삽시간에 쫄딱 젖어버렸다. 게다가 좁은 논길에는 비에 흠씬 젖은 풀들이 길게 누워 있어서, 어쩌다가 그 줄기를 잘못 밟기라도 하면 미끄러지기 일쑤였다.

그때 누군가가 논 한 모퉁이에 끼어 있는 작은 못에서 연잎을 하나 꺾어 가지고 머리 위에 썼다. 긴 줄기를 우산대인 양 받쳐 드니 그것은 영락없는 우산이었다. 우리는 너도나도 하나씩 그것을 꺾어 머리 위에 썼다. 머리카락이고 옷자락이고 이미 젖을 대로 다 젖은 후라 그것이 얼마나 비를 덜 맞게 해주는가 하는 것은 아무 의미가 없었다. 그것이 우산으로서의 역할을 하든 말든 우선 비를 가리는 시늉이라도 할 수 있는 것이 있다는 것만으로도 큰 위안이 되었다. 빗속을 달리는 것에도 어느 정도 지쳐 있었던 터라 우리의 뛰던 걸음은 자연스럽게 걷는 것으로 바뀌었다. 그에 따라 헉헉하던 호흡은 금세 가라앉았다. 그러자 그 고요를 틈 타 한순간 펵하고 귀가 열리는 느낌이 들더니 그때까지 들리지 않던 새로운 소리가 들려오는 것이었다. 그것은 머리 위에 쓴 연잎 위로 떨어지는 빗소리였다. 또도독 똑 또독, 빗방울이 떨어지는 연잎의 부위에 따라 그 소리는 강약과 고저를 적당히 띠고 들려왔다. 그러자 그 소리에 박자를 맞추듯, 누가 먼저랄 것도 없이 우리는 노래를 부르기 시작했다. 교실 안에서 부르던 노래가 총 동원되었고, 그 당시 한창 라디오를 통해 인기를 끌던 〈오부자의 노래〉 같은 유행가들도 등장했다. 그러다보니 연 잎 위에 떨어지는 빗소리는 여지없이 리듬악기가 내는 소리였다. 빗소리가 커지면 우리의 목청도 커졌다. 그러나 아무리 목청을 뽑아도 너무 크다는 느낌이 들지 않았다. 소리는 작은 산모롱이를 돌기도 전에 빗속으로 잦아들어가 버렸다.

7월에 오는 빗소리는 오는 둥 마는 둥 시답잖게 내리는 나른한 봄비 소리도, 추적추적 가슴을 후벼 파며 내리는 처연한 가을비 소리도 아니다. 거기엔 넘치는 활력이 들어 있다. 왕성하게 쏟아지는 그런 7월의 빗소리를 듣노라면, 지금도 나는 큰 소리로 노래를 따라 부르고 싶다. 연 잎을 쓰고 논길을 걷던 바로 그때처럼.

(1991년)

봄, 여름, 가을, 겨울

봄

간밤, 늦도록 창문을 흔들어 대던 바람이 오늘 새벽 영락없이 사방에 냉기를 몰고 왔다. 실종 신고를 냈던 겨울이 오기를 부리듯 불쑥 머리를 내민 모양이었다. 그러나 웬일인지 이번에도 추위가 별것이 아닐 것이라는 예감이 든다. 대기 오염이다 난방이다 하여 지구상의 공기가 날로 더워져 가고 있다는 보도에 귀가 절어 있기 때문인지도 모른다. 게다가 이제 내일 모레면 3월이다. 보이는 것은 이미 돌아선 겨울의 모습이고 뾰족이 내미는 것은 봄의 새순이다. 시작의 얼굴이다. 으스스 한기가 도는 방안에 한 줌의 햇살이라도 더 끌어들일까 싶어 커튼을 열었더니, 열리는 커튼의 폭, 딱 그만큼의 하늘이 따라 열린다. 아직은 눈 시린 싸아한 겨울 하늘이다. 촘촘히 들어선 건물 탓으로 내가 젖힌 커튼과 함께 열린 하늘이 그다지 넓다고 할 수는 없으나, 거기에는 매번 다른 얼굴이 있어서 좋다. 어쨌거나 봄은 확실한 시작의 의미이다.

외출 채비를 하고 막 현관을 나서는데 딸아이가 조그만 쪽지 한 장을 내민다. 하얀 종이 위에, 돌아올 때 잊지 마세요라는 다짐 말과 함께 얼마 전에 함께 본 어떤 영화의 사운드트랙 곡명이 적혀 있다.

아이가 이따금 나를 돌려세우고 살짝 내미는 종이 위에 음악 테이프의 곡명이 실리게 된 것은 한 일 년 전쯤부터의 일인 것 같다. 빠이빠이 하고 작은 손을 흔들며 '엄마 아이스크림 사와' 하던 혀 짧은 소리로 시작한 아이의 부탁이 장난감 자동차, 동물 인형 등으로 바뀌었다가, 어느 사이엔가 만화책으로 이어졌다. 그것이 슬쩍 추리소설과 세계 여러 나라의 민화집으로 바뀌더니 어느덧 문학 작품으로 넘어가, 한동안 나로 하여금 늦은 귀가 길에도 어쩔 수 없이 동동대는 발걸음을 되돌려 동네 책방을 들러서 오게 만들기도 했었다.

그런데 이제는 음악 쪽으로 옮겨와 있다. 아이는 앞으로 또 얼마동안 나를 레코드가게를 거쳐야만 집안으로 들어설 수 있게 할 것인가. 또 그것이 지나면 아이는 그 대신 다시 무엇이 적힌 쪽지를 내밀어 내 발목을 잡을 것인가.

아이의 봄이 이제 시작하려나 보다.

여름

오월이 하순으로 접어들 때쯤이면, 어느 날 갑자기 집안의 창문들이 모두 작게 느껴지는 그런 날이 있다. 해마다 여름은 내게 그렇게 찾아오고, 나는 이미 열어 놓은 문들을 다시 또 밀어 보며, 더위 속으로 섞여들 채비를 이것저것 하게 된다.

여름날에는 굳이 문가에 서지 않아도 지상의 온갖 것들이 살아서 꿈틀대는 소리가 확성기를 들이댄 것처럼 크게 들려온다. 어느 집에선가 아이를 불러들이는 여인의 높은 목소리가 큰길을 내달리는 자동차의 소음에 섞여 들려오고, 구우 구우 하고 신음하듯 토해내는 비둘기의 울음소리도 간간이 들린다. 이웃집에서 창문을 여닫는 소리, 멀리 한강을 오가는 유람선의 느릿한 고동소리도 한강변의 내 집 거실까지 들려온다. 그뿐이 아니다. 조금만 귀를 기울여 보면 바람결에 흔들리는 나뭇잎들의 일렁이는 소리도, 울타리 아래서 작은 꽃망울들이 터지는 소리도 들려올 것 같다.

어린 시절, 여름날 한밤중에는 곧잘 마당 한가운데 놓인 들마루로 베개를 끌어안고 나갔다. 시원한 들마루에 누우면 세상은 온통 반짝이는 별들뿐, 그 속에서 내 몸도 붕붕 떠다니는 착각을 자주 했었다. 어린 날 기억 속의 밤하늘에 유달리 별이 많았던 것은 그렇게 드러누워 바라보던 하늘가에 상상의 날개를 몇 개씩이나 달았기 때문일 거라는 생각을 가끔 하기도 한다. 형제 가운데 누군가의 입에서 유령이나 도깨비의 얘기가 매일 밤 하나씩은 나왔다. 그럴 때면, 마루 밑을 살금살금 지나가는 쥐새끼의 발걸음 소리도, 또 어느 구석인가에서 뒤집혀진 풍뎅이가 윙윙대는 소리도 기막힌 효과음이 되었었다. 유령이야기도 밤하늘도 역시 여름이었다.

여름이란 내게 있어서 문을 연다는 의미가 강하다. 창문을 열고 바깥을 하염없이 바라보고 있노라면 문을 연 것은 내가 아니고, 여름 속의 온갖 것들이 제각기 나를 향해 문을 연 것이 아닌가 하는 착각이 들기도 한다.

가을

청주 행 고속버스에 올랐다. 근 30년 만에 친구를 찾아가는 길이었다.

우리는 중학 동창생이다. 그냥 친구라기보다 나는 삼년간 그녀의 그림자였다고 표현하는 쪽이 옳을 것이다. 어릴 적에 앓은 소아마비가 그녀의 한쪽 다리를 불편하게 만들어 놓았지만 그녀는 늘 명랑했다. 조금쯤 우울하고 모든 일에 소극적인 편이었던 나는 매사에 적극적이고 밝은 그녀가 좋았다. 그녀는 어떤 과목이건 공부도 잘했고 피아노도 아주 잘 쳤다. 책을 많이 읽어서인지, 아는 것도 우리들 또래에 비해 훨씬 많았다.

학년이 바뀌어 같은 반이 되지 않아도 등하굣길에 우리는 늘 붙어 다녔다. 아침마다 집을 나서면 길목에서 그녀가 나를 기다리고 있었다. 그러면 나는 자연스럽게 그녀의 책가방을 받아 들고 함께 학교로 갔다. 돌아올 때도 마찬가지였다. 햇빛 쏟아지는 여름날이건 바람 몰아치는 추운 겨울이건 함께 청주 시내를 가로 질러 흐르는 무심천 위에 놓인 기다란 서문다리를 지나 학교로 갔다. 씩씩하게 걸어도 학교까지 삼사십 분은 좋이 걸리는 거리였다. 그 다리를 지나려면 잠시 잠시 두어 번씩 쉬어야 했다. 숨을 돌리고 서 있는 우리 곁을 친구들은 아무렇지도 않게 지나쳐 갔다. 어쩌다 하굣길에 다른 아이가 그녀의 길동무가 되어 있다가도, 내가 나타나면 그들은 당연스럽게 그녀의 책가방을 나에게 건네주고는 먼저 가버렸다. 나 또한 그것이 당연했었다. 그것은 내 몫이었다.

우린 함께 고등학생이 되었다. 그리고 대학시험을 치를 때가 되어 나는 서울로 올라왔다. 그것이 끝이었다.

그 후로 근 30년, 간간히 친구들을 통해 그녀가 그곳 대학의 약학과에 들어갔다는 이야기며, 대학시절에 일찌감치 호된 사랑의 시련을 겪었다는 이야기도 들었다. 그리고 끝내 약사시험에 패스를 하지 못했다는 이야기도 들려왔다. 그러나 난 돌아서서 그녀를 잊고 산 것이었다.

수소문 끝에 주소를 알아내어 편지를 썼다.

그녀는 골목 밖에 나와 서서 나를 기다리고 있었다. 그러나 세월의 강은 너무 깊었다. 처음에는 그녀도 나도 서먹서먹했다. 그러나 이내 우리는 중학교 때의 이런저런 일들을 기억해 내기 시작했고 쉽게 열네댓 살 소녀가 되었다. 되감기 위해 빠르게 돌리는 영화 필름처럼 그녀와 나의 열네댓 살이 한바탕 떠들며 지나갔다. 그 후, 조용한 잠시의 틈사이로 나는 그녀의 근황을 조심스럽게 엿보기 시작했다. 어머니와 미혼인 동생과 함께 살고 있다는 그녀의 바짝 마른 목소리가 자신의 삶의 조각들을 이 구석 저 구석으로 마구 내던지듯 던지고 있었다.

"아무것도 하지 않고 살아."

텅 빈 시선으로 남의 이야기하듯 가볍게 지껄였다.

"뭐라도 한 가지 붙들지 않구? 글씨를 쓰든가 그림을 그리든가. 너는 글 쓰는 솜씨도 여간 아니었잖니?"

그러나 흰 블라우스와 검정 플레어스커트 교복 속의 재주 많던 그녀는 이미 거기에 없었다. 내가 하는 말은 그녀에게로 전달되기도 전에 공중에서 이미 산산이 부서지는 느낌이었다. 내 입술을 채 떠나기 전부터 이미 그 말은 힘이 빠져 있었다.

그녀가 지금 힘에 겨워하는 것은 책가방 하나가 아니었다. 목발에 비대해진 몸을 기댄 채 기다린 것은 내가 아니었다. 나는 입에 재갈이 물린 채 두 손과 발도 꽁꽁 묶여 그녀 앞에 앉아 있는 느낌이었다. 나는 잔뜩 오그라든 채 아주 조그맣게 되어 그녀의 집을 나섰다.

그 후 몇 년째, 해가 바뀔 때쯤이면 나는 그녀에게 편지를 쓴다. 그러나 언제나 자신이 없는 목소리로 바람과 기원만 적어 보낼 뿐 어떻게 지내느냐고 묻지도 못하고 있다. 어릴 적, 내가 들어주던 책가방 대신에 내가 들어줄 수 있는 마흔 살 넘은 그녀의 짐이 무엇인지 아직도 나는 모르고 있다. 더없이 그저 슬플 뿐이다.

겨울

며칠 전 저녁 무렵 서초동 꽃마을에서 우연히 아버지를 뵈었다. 겨울을 오고 있는 아파트의 베란다가 아무래도 너무 메말라 보여서 파란 잎이 탐스럽게 달려 있는 화분이라도 하나 살까 싶어 이집 저집 기웃거리던 참이었다.

"그냥, 슬슬 나왔다."

아버지 손에는 화분용 거름봉지가 하나 매달려 있었다. 안경 속 너머에서 바라보시는 아버지의 표정 없는 한쪽 눈이 온몸에서 힘을 뽑아 가버렸다. 2년 전, 아버지는 한쪽 눈의 시력을 잃으셨다. 고혈압이 원인이 되어 시작된 것이 몇 년을 끌다가 결국은 한쪽 눈의 기능을 완전히 잃으시게 된 것이다.

그러나 그 후, 나는 아버지가 잃으신 것이 시력만이 아님을 점차 알게 되었다. 의욕도, 고집도 잃어가고 계셨다. 완고하고 무섭기로 소문난 아버지의 표정에서 긴장기가 눈에 띄게 사라져갔다. 하얀 머리가 더 이상 멋있어 보이지도 않았고, "나는 괜찮다" 하시며, 한마디로 모든 것을 덮어 나가시는 것도 더 이상 마음 편하게만 생각되지 않았다. 그뿐이 아닐 것이다. 내가 알아차리지 못하는 구석구석에서 아버지는 자꾸만 당신 자신도 모르는 것들을 잃어가고 계셨을 것이다.

"겨울 동안 집안에서 시원찮게 될 놈들, 거름이라도 해주면 겨울을 잘 배겨날지 모르겠다."

거름봉지를 들고 돌아서시는 아버지의 여윈 등 뒤로 석양의 기다란 그림자가 따라 나서고 있었다. 걸핏하면 우리형제들을 둘러보시며, 너희들이 내 재산이다 하시며 흐뭇해하시던 웃음도, 매섭게 호령을 하시던 눈빛도 모두 그 속에 있으련만, 보이는 것은 기다란 검은 그림자일 뿐이었다.

(1988년)

어린이날 유감

어젯밤 늦게 느닷없는 비가 한차례 지나가더니 아침 하늘이 더없이 맑다. 불곡산 산마루 쪽으로 난 유리창 가득히 내어다 보이는 키 큰 나무들은 물론, 땅에 나지막이 엎드린 풀포기들까지 손을 대면 뽀드득 뽀드득 소리가 날 것 같다.

"오늘은 어린이 나알 우우-리 드을 세에-상"

어린이들의 노랫소리가 어디선가 희미하게 들려왔다. 아마도 경비실의 라디오일 것이다. 순간, 아이들의 목청만큼이나 깨끗한 날씨가 다행스럽게 생각되었다. 가까운 주위에 어린이라 불릴만한 아이가 없어 꽃핀이라도 하나 사러갈 필요도 없고 어떤 장난감을 살까 고민하며 백화점을 기웃거릴 핑곗거리도 없어졌지만, '어린이 날'하면 먼저 떠오르는 것이 있다.

아이가 다섯 살, 아니 여섯 살이었을 것이다.

손꼽아 어린이날을 기다리던 아이를 데리고 민속촌엘 갔었다. 용산구의 동부이촌동에 살 때이므로 상당히 먼 길이었다. 함께 살던 미혼의 막내 시동생도 기꺼이 조카의 손을 잡고 집을 나섰다. 왜 하필이면 민속촌이었는지 그 이유는 잘 모르겠다. 지금 생각하면 남편과 시동생, 이 두 남자의 저의가 의심스럽기도 하다.

여하튼 민속촌 내를 돌아다니다가 자연스럽게 발길이 저잣거리로 들어섰다. 적당히 피곤하고 또 알맞게 시장도 했다. 그러나 화근은 주막 앞에 커다랗게 써 붙여 놓은 종이 한 장이었다. 막걸리와 안동소주라는 글자들이 때마침 불어오는 바람에 춤을 추고 있었다. 형제간에 주거니 받거니 한 잔이 두 잔이 되고, 석 잔이 되었다. 차츰 웃음소리가 커지면서 다시 넉 잔이 되고 다섯 잔이 되었다. 그러다가 결국 형제는 누가 먼저랄 것도 없이 멍석 위에서 큰 대자가 되어 세상모르게 잠이 들었다. 그리고는 여간해서 깨어나지 않았다. 부글부글하며 부어터진 내 마음과 치밀어 오르는 부아를 아는지 모르는지, 아이는 돌아 앉아 평화롭게 흙을 만지며 놀고 있었다.

늦게 집으로 돌아와 뉴스를 보기 위해 무심히 TV를 켰다.

"오늘은 어린이 날입니다. 그런데 여러분 가운데 혹시 이런 분은 안 계십니까?"

앵커의 첫마디와 함께 화면은 어린이 공원에서 술에 곯아

떨어져 잠이 든 어른들 옆에서 아이들이 저희들끼리 놀고 있는 광경이 비치고 있었다.

"여기 있어요, 여기요!"

선생님 앞에서 "저요! 저요!" 하며 손을 들듯, 신이 나서 나는 팔을 번쩍 들며 남편을 향해 있는 대로 눈을 흘겨주었다.

벌써 30년 전 쯤의 이야기가 되나 보다.

그 후, 해마다 어린이날이 되면 이 이야기는 고정 레퍼토리가 된다. 나는 이날만큼은 마음 놓고 다시 한 번 남편을 향해 눈을 있는 대로 흘긴다. 그러고 보니 세월이 많이도 흘렀다. 그 막내 시동생 머리에도 서리가 내려앉았다.

(2008년)

지금 내가 그리운 것은

지금 내가 가장 그리운 것은 자다가 깨어 부스스한 눈으로 하늘의 별을 보는 것입니다. 이삿짐을 가득 실은 짐 더미 속에 나도 한 덩이 실려서, 한참을 자다가 어슴푸레 깨어나 보면 까만 하늘에서는 별들이 한없이 쏟아지고 있었습니다. 멀리멀리 떠나가는 나를 따라 별들이 춤을 추며 따라오고 있었습니다. 큰 항아리를 기둥 삼아 담요를 깔고 어머니는 이삿짐 속에 내 자리를 만들어 주셨습니다. 그 속에 하늘을 보고 누워서 나만을 밤새껏 쫓아오는 별들과 이야기하며 실려 갔습니다. 지금 새로 이사를 가는 곳은 어떤 곳일까, 얼굴이 동그란 내 동무가 그곳에도 있을까.

이태쯤에 한 번씩 전근을 가시는 아버지를 따라 나도 한 덩이의 짐이 되어 이사 가던 날 밤은 늘 그지없이 아름다웠습니다. 이다음에 또 만나자고 손을 흔들며 이윽고 별들이 물러간 자리에는 어느덧 뿌우연 새벽이 와 있었습니다.

지금 내가 또 그리운 것은 미루나무가 끝도 없이 열을 서 있는 방천을 따라 풀 위를 걷는 것입니다. 그림자가 아주 기다란 미루나무이어야 합니다. 뜨거운 여름날이라면 더욱 좋습니다. 짧은 치마를 입고, 하나 둘 셋 넷 나무 그림자를 세며 한 발로 깨금발을 뛰어 보고 싶습니다. 깨금발을 한참 뛰다가 숨이 가쁠 때쯤에는, 구멍이 두어 군데 뚫린 멍석을 깔고 그늘 밑에 참외 장수가 있었습니다. 속이 버얼겋게 내비치는 개구리참외를 팔고 있었습니다. 그 버얼건 색깔이 언제나 나를 행복하게 했습니다. 방천 아래에서 맨발의 그 집 아이가 배꼽이 드러난 잠방이를 입고 방아깨비랑 소금쟁이를 부지런히 잡고 있었습니다. 실처럼 가느다란 손을 내저으며, 여치 집 속에서는 그놈들이 빤히 나를 내어다 보고 있었습니다.

지금 내가 가장 그리운 것은 저녁 어스름에 동네 앞 신작로에 나가 보는 것입니다. 어둠을 가득 싣고 온 트럭들이 떠나간 자리가 다시 보고 싶습니다. 금방 내려놓은 어둠이 트럭의 꽁무니마저 삼켜 버리면, 이 세상에는 오직 까아만 적막뿐, 남아 있는 것은 아무것도 없었습니다. 아무런 소리도 색깔도 없고, 아무도 오지 않는 텅 빈 길 한가운데 한동안 서보는 것이 어릴 적에는 그냥 좋았습니다.

나는 또 지금 예닐곱 살로, 할머니 댁 툇마루에 쪼그리고 앉아 보고 싶습니다. 비라도 내리면 더욱 좋습니다. 그곳에 앉아 처마 끝에서 떨어지는 빗소리를 듣고 싶습니다. 쏟아지는 비라면 더할 나위가 없습니다. 커다란 빗방울들이 뜨락에 구멍을 파는 것이 보고 싶습니다. 그 옆에서는 그보다 조금 작은 빗방울들이 방아를 찧고 있기도 했습니다. 땀을 뻘뻘 흘리며 장단을 맞춰가며 방아를 찧었습니다. 마당의 큰 돌에 와 부딪쳐 외마디 소리를 내며 흩어지는 빗방울도 있었습니다. 잔모래 틈새에서 귀엣말로 소곤대는 작은 빗방울의 귀여운 얼굴도, 난 무척이나 다시 보고 싶습니다.

지금 내가 또 그리운 것은 안경너머에서 날카롭게 빛나던 아버지의 눈빛입니다. 아무런 잘못이 없어도 무엇인가를 그르치고 있는 것은 아닐까 하고, 나를 늘 마음 조이게 하던 그 눈빛입니다. 앞뒤 뜰을 분주히 오가시던 어머니의 바쁜 치맛자락 소리도 다시 듣고 싶습니다. 한 솥 가득 삶아 낸 빨래를 두들기는 샘가의 어머니 방망이 소리도 그립습니다.

나는 또 모두가 돌아간 방과 후의 초등학교 빈 교실에 혼자 남아 있어 보고 싶습니다. 청소가 끝나 말끔히 닦인 책상에 앉아 깨끗한 칠판에 내 꿈을 하나 둘 다시 그려보고 싶습니다. 아무도 엿보지 않는 그 비밀스런 행복을 다시 맛보고 싶습니다. 그리고 서서히 어둠이 다가와, 이윽고는 운동장에 아무것도 남아 있지 않게 될 때까지, 칠판에 그려놓은 내 꿈을 눈을 깜빡이지도 않고 지켜보고 싶습니다.

나는 또 예닐곱 살이 되어 조그만 마당 텃밭에 들어가 이제 막 보라색 옷을 입기 시작한 어린 가지를 따서 한입 베어 먹어 보고 싶습니다. 그 아릿하고 슬픈 맛이 그립습니다.

(1988년)

호박죽

그림 동화책에나 자주 등장하는 늙은 호박을 요즈음엔 길가의 가게 앞에서도 가끔 무더기로 볼 수가 있다. 생활 속에서는 그 모습조차 옛날의 일로 까맣게 잊혀져 있던 것이 한 이태쯤 전부터 눈에 띄기 시작하더니 올해는 부쩍 거리의 흔한 풍물로 등장하였다. 요즈음 유행처럼 번지는, '옛것을 더듬어 되찾자'라는, 보이지 않는 기운에 얹혀 새롭게 나타난 것들 가운데 하나일 것이다. '부기를 빠지게 하고 여성미용에도 좋다'는 그 호박 맛만큼이나 달착지근한 뒷소리들이 새벽녘 안개 퍼지듯 번져가며 찾는 사람들이 많아졌을 것이고, 그런 낌새를 재빠르게 눈치 챈, 눈이 밝은 상인들이 호박죽을 쑤어서 판다고 메뉴 속에 끼워 내놓는 곳도 수월찮게 생겼다. 유행 속에 물들어가듯 나 또한 자신도 모르는 사이에 호박죽을 청하며 자리를 잡는 때가 종종 있다.

오늘 낮에도 볼일이 있어 시내에 나갔다가 점심때가 지나고, 달리 먹고 싶은 것도 생각이 나지 않아 아픈 다리도 쉴 겸, '호박죽'이라고 써 붙여 놓은 가게 안으로 들어갔다. 죽이 나오기를 기다리는 동안 담황색의 둥그런 호박이 가게 구석에 쌓여 있는 것을 보다가 난 갑자기 뒤통수를 한 대 힘껏 얻어맞은 듯한 느낌이 들었다.

"호박하고 찹쌀가루, 콩 모두 준비해 놓았으니까 시간이 날 때 언제라도 오려무나. 호박범벅이 먹고 싶다고 했잖냐?"

수화기 저쪽에서 떨려오던 어머니의 목소리를 기억해 낸 것이다. 어머니가 그 전화를 하신 것이 벌써 며칠이나 되었을까. 어머니 앞에서 호박범벅이 먹고 싶다는 말을 한 사실조차 까맣게 잊고 있다가 그 전화를 받고 당황해 하는 내 목소리를 어머니가 알아차리실까 봐 나는 진땀이 났었다. 실로 오랜만에 나이 든 자식에게 당신만의 솜씨로 해 줄 것이 남아 있다는 것을 확인이라도 하신 듯, 기쁨으로 떨리는 목소리가 수화기를 통해서 가슴속으로 파고들었다. 그 떨림을 가슴으로 전해 받으면서도 "내일 갈게요."나 "모레 갈게요."라고 하지 못하고, "짬을 봐서 며칠 내로 갈게요." 하고 어물쩍 대답을 하던 자신이 몹시 안타까웠던 기억이 다시금 새롭다.

그러나 울고 싶도록 더욱 쓸쓸한 마음이 되는 것은 그렇게 하고 돌아서서 나는 내가 한 그 말조차도 다시 깡그리 잊어버렸다는 점이다. 그동안 그런 일들은 그밖에도 또 얼마나 많이 있었을까. 자식을 거두는 일에만 몰두해 온 어머니가 그 자식들의 일로 하여 쉴 사이 없이 치맛자락을 스치며 내던 바람소리를 잠재우기 시작한 것은 벌써 오래 전의 이야기이다. 그것은 맨 처음, 자식들이 모두 자라서 새로운 식구, 새로운 생활 속으로 떠나가는 것을 멀찌감치에서 휴우 하고 안도의 깊은 숨을 쉬며 바라보는 것으로부터 시작되었다고나 할까. 그러나 그렇게 시작되었다고 해도 얼마 동안은 집집마다 장 담가 주랴, 이불호청 빨아 꿰매 주랴, 작고 큰 잔칫상 봐주랴 하고 어머니의 바쁜 걸음은 계속되었다. 그러나 그것도 이제 자식들 대부분의 나이가 중년으로 넘어가면서 하나 둘 어머니의 손끝을 떠나갔다. 평생 자식들 돌보는 일 이외는 달리 할 일을 알지 못하셨던 어머니는 당신의 무릎 가까이로 슬금슬금 다가오고 있는 그 떠남의 의미를 아무런 할 말도 준비하지 못한 채, 썰렁한 빈 가슴으로 받아 안으셔야 했으리라.

아무 때라도 전화를 걸어서 "엄마, 이건 어떻게 해요?" 하고 숨 가쁘게 묻거나, "엄마, 오늘 좀 도와주세요." 하고 어리광 섞인 청을 드리던 것이 모두 옛일이 되어 버렸다. 이제는 오히려 어머니 쪽에서 "얘야, 이건 어떻게 할까?" 하고 물어오시는 횟수가 늘어갔다. 철따라 할 일을 찾아 분주하시던, 어머니를 에워싸고 있던 공기는 점점 적막에 가까운 것이 되어 가라앉아 갔다.

그런 어머니에게 무심코, 그 자리의 기분에 따라 휙 던져 버리고 온 말 한마디가, 또 그렇게 해놓고는 그런 말을 했던 것조차도 잊어버린 것들이 어머니 귀에는 내가 말한 것보다 훨씬 크게, 때로는 몇 겹의 메아리를 만들며 반복해서 울렸으리라 하는 것쯤은 조금만이라도 어머니를 향해 가슴을 열면 금방이라도 깨닫게 되련만.

얼마 전 형제들이 모인 자리에서 누군가가

"요즈음이 바로 호박범벅 먹는 철이잖아?"

했다 그리고 우리들은 모두 흘러간 가요라도 한 소절 따라 부르듯, 그래그래 하며 옛일을 그리워했었다. 그러나 그때만 해도 어머니는,

"그런 것을 지금 해봤자 누가 먹겠니?, 먹을 것이 변변치 않았던 때의 이야기이지."

하시며 대수롭지 않게 말씀하셨다. 우리들 또한 코미디 속의 우스갯말이라도 한 마디 따라 하기라도 한 것 같이 가볍게 다른 화제로 넘어갔다.

그러나 어머니는 우리들의 흥얼거림을 재빨리 당신의 옷섶으로 끌어당기신 모양이다. 그리고 '혹시나' 하는 기대로 수없이 계단을 오르내리며 그것들을 준비하셨을 게다. 늙은 호박을 사러 가실 때에는 침을 꿀꺽하고 삼키던 어린 아이들의 얼굴을 떠올리셨을지도 모른다. 방앗간으로 가실 때에는 젊은 날 당신의 치맛자락이 바쁘게 스치던 소리를 다시 들으셨는지도 모른

다. 희미하게 수화기 저쪽에서 전해오던 떨림의 의미가 바로 그 행복했던 어머니의 며칠간을 말해주는 것이 아니었을까.

그러나 무심코 던진 우리들의 한 마디 말이 며칠씩이나 어머니를 행복하게 하는 일이 있듯이, 어느 날인가 또 바람소리처럼 흘려버린 다른 한 마디 말이 어머니 가슴에 깊이 상처를 내고 슬프게 한 일도 또 있었을 것이다. 그리고 또 얼마나 많은 우리의 무심한 행동들이 쇠잔해져 무력해진 어머니를 더 깊은 실의의 늪 속으로 밀어 넣었을 것인가.

탁자 위에는 어느 결엔가 노르끄레한 호박죽이 한 그릇 놓여 있었다. 어머니 가슴에 손을 얹듯, 김이 모락모락 피어오르는 그릇 위에 가만히 손을 얹어 보았다. 따뜻한 김이 손바닥에 닿아 물방울을 이루어 다시 그릇 속으로 떨어지는 것이 느껴졌다. 그것은 가슴속으로 서려와 흘러내리는 눈물방울이었다.

(1987년)

예전엔 미처 몰랐어요

나는 그저 '오늘'이 가면 '내일'이 문을 열고 내게로 오는 줄 알았다.

그런데 60여 년을 살았는데 아직도 내가 기다리는 '내일'은 문을 열고 내게로 오고 있는 기미가 없다.

얼마큼 더 살아야 나의 '내일'이 오는 것일까.

이러다 영영 내일이 오지 않을지도 모른다는 불안감이 때때로 내 안에서 자꾸 고개를 쳐든다. 그런데 '내일'이라고 이름 붙여 놓고 기다릴 세월의 길이는 점점 짧아지고 있다.

오늘 난 툇마루에 앉아 먼 산 바라보며 진종일 뭔가를 기다리고 있는 머리 허연 노파가 된 듯하다.

기다리고 또 기다리고 있는 나, 나는 그저 '오늘'이 가면 '내일'이 문을 열고 내게로 오는 줄 알았다.

나는 바보인가 보다.

이틀째 두통으로 아침잠이 깨었다. 새벽두통이라니, 저혈압이 다시 찾아온 것인가 짜증이 나려고 한다. 알든 모르든, 내가 느끼든 느끼지 못하든 모든 일에는 반드시 원인이 되는 까닭이나 이유가 있을 것이다. 차분히 마음을 다잡으려고 책상 앞에 앉았다.

컴컴한 벽장 속에 들어가 몇 날이고 나오지 말았으면 하는 생각을 할 때가 요즘 들어 잦아졌다. 살아가는 일이 내게 너무 어려운 문제라는 생각이 자주 든다는 이야기일 것이다. 아마도 어제 오늘 또 그런 것들이 두통이 되어 새벽잠을 깨웠을 것이다. 아무리 풀어도 답을 낼 수 없는 것, 그런 건 그대로 버려두고 컴컴한 벽장 속으로만 오늘따라 더욱 기어들어가고 싶다.

씨를 뿌리기 위해 흙을 갈아엎듯, 기회가 한번이라도 남아 있으면 좋으련만 하는 생각을 끊임없이 하게 된다. 그만큼 후회되는 일이 많다는 증거일 것이다. '그건 이랬어야 하는데, 그때 그 일은 이렇게 했어야 하는데', 줄줄이 사탕처럼 딸려오는 것들에게서 시선을 돌려버리고 싶은 거다. 그러나 컴컴한 벽장 속으로 들어가 눈을 감는다고 그런 것들이 사라지는 것은 아니다. 스스로도 그런 나 자신이 몹시 애달프다.

나는 내가 이렇게 웃기는 사람인 줄 예전엔 정말 몰랐다. 나는 내가 조금은 이지적이며 냉정하고 쿨한, 스마트한 여자인 줄 알았다.

나는 바보인가 보다.

(2009년)

근육강화 운동

임금 왕王자 복근을 만드는 것이 대유행이다. 복근만이 아니고 팔이나 다리에 보기 좋은 근육을 만들기 위해 땀을 뻘뻘 흘리며 운동을 하는 보통 사람들을 보는 것도 아주 자연스러운 일이 되었다. 몸이 곧 가치로서 대중에게 노출되어 있기 마련인 연예인들만의 이야기가 아니다. 하기야 수월찮이 나이를 먹은 나도 거의 1년 가까이 스포츠센터에서 상당한 시간을 쓰며 다리에 근육을 만들기 위해 땀을 흘리고 있다.

역시 신은 공평한 모양이다. '퇴행성관절염'이라는 것이 딱히 이쁠 것도 없는 나만을 비켜갈 리가 없다. 어김없이 그 증상들을 겪으며 일어설 때마다 끄응 끄응 하는 소리가 입에서 새어나왔다. 별 수 있겠는가. 남이 좋다는 대로 이 병원 저 병원, 이런 저런 약에 침을 맞는 일까지 두루 섭렵하고 결국 난 스포츠센터에서 근육강화 운동을 하기로 했다. 닳아 없어진 연골 대신 무릎 근육을 강화시켜 지탱을 하며 살아야 한다는 말을 고분고분하게 받아들이기로 한 것이다. 그리고 지난겨울을 그럭저럭 무사히 넘기고 나니 어느 정도 내 상황에 맞는 길을 가고 있다는 생각이 슬슬 든다. 자연히 우리 몸의 근육이라는 것에 대해 생각해 볼 기회가 많았다.

그러던 어느 날, 이케우치 오사무池內紀의 글 한편을 읽다가, 그 속의 한 대목에 이르러 나는 아픈 무릎을 탁! 소리가 나게 치고 말았다. 아침에 잠에서 깨어났는데 목이 돌아가지 않더라는 것이다. 오른쪽과 위쪽으로는 고개를 전혀 돌릴 수가 없고, 억지로 돌려 보려고 해도 너무 아파서 할 수가 없으며 팔을 짚고 간신히 일어서려는 데도 어깨에 심한 통증이 일더라는 것이다. 그래서 한동안 꼼짝하지 않고 어둠 속에서 몸에 대해서 생각을 해보게 되었다고 했다. 나이라는 것이 이제 확실히 자신의 몸에 자리를 잡고 눌러앉아버린 것이구나 하는 생각과 함께 불현듯 생각나는 게 있었다고 한다.

"정신이라는 것은 눈에 직접 보이지는 않으므로 어물어물 얼버무리며 자신을 속이고 넘어가기가 쉽지만, 몸은 그렇게 되지 않고 바로 겉으로 표시를 내는 모양이다. 나이가 들면서 몸에 확실하게 나타나는 이와 같은 참상이 정신 쪽에는 나타나지 않고 있다고 누가 보증을 할 수 있단 말인가."

그 대목을 읽으며 나는 한 번 만나 본 적도 없는 오사무 씨에게 달려가 은근한 시선으로 그를 쳐다보며 악수라도 하고 싶은 심정이었다.

큰 소리로 떠벌릴 필요까지는 없는 일이지만, 나는 자생 능력이 없다. 부잣집 태생도 아닌데 왠지 난 그렇게 조용히 자랐고 또 그렇게 잔잔하게 살아왔다. 아니, 어쩌면 이건 순전히 성격 탓일지도 모른다. 그런데 요즈음, 그 사실이 서럽도록 불안하고 황당한 소용돌이가 되어 마음을 마구 휘젓고 돌아다닐 때가 종종 있다. 혼자 서지 못하고 누구인가에 등을 기대는 습관이 옹이처럼 몸에 박혀 있는 나는 그 소용돌이를 가라앉히는 일이 너무 어렵고 생각할수록 또 서럽다. 그런데 걸핏하면 그 화살이 가족에게로 날아가는 것이 문제이다. 종로에서 뺨 맞고 한강에 돌 던지듯, 가족들에게 쇠된 소리를 해댄다. 정신의 연골이 다 닳아져 앙상하게 드러난 뼈끼리 부딪치는 소리가 커져 자꾸만 밖으로 새어나온다.

근육강화 운동은 겉으로 드러나는 신체에만 필요한 것이 아닐 것이다. 정신 이곳저곳에 뭉쳐 응어리가 지고 단단해져 있는 근육을 부드럽게 풀고, 거의 다 닳아 없어진 연골 대신에 나를 너끈히 지탱하며 살아낼 수 있는 보기 좋고 쓸모 있는 새로운 정신의 근육을 만들어줄, 정신의 스포츠센터 같은 거, 그런 거 뭐 어디 없을까?

(2009년)

바람막이

찬바람을 일으키며 휑하니 돌아서서 나가버리는 남편의 뒷모습을 바라보며 나는 한순간 어이가 없었다. 이내 눈물이 핑 돌았다.

쳇, 그만한 일에 눈물이라니, 이런 일이 뭐 한두 번인가?

마음속으로 궁얼대 보았지만 속이 상한 것은 마찬가지다. 오늘 아침은 그놈의 바람막이가 문제였다.

어젯밤 별스런 재미도 없는 텔레비전 스위치를 이리저리 돌리고 앉았다가 잠자리에 든 것은 거의 한 시가 되었을 때였다. 자리에 눕긴 했어도 이미 때를 놓친 잠이 쉽게 오지 않아 한동안 뒤척이다가 간신히 잠이 들었다. 그런데 오늘 아침 한참 꿀맛처럼 달디단 새벽잠 속에 있던 나를 깨운 건 남편의 쿵쾅

거리는 발소리였다. 새벽녘이어서 그런지, 남편의 몸무게가 갑자기 늘었기 때문인지 남편의 발소리는 유달리 크게 들려왔다. 골프 가방을 챙기느라 부산한 것이 분명했다.

목욕탕 물소리, 옷장 문을 여닫는 소리, 부산하게 왔다 갔다 하는 발소리들이 점점 커져갔다. 그 낌새를 보아 남편은 틀림없이 '이래도 안 일어날 거야?'하며 일부러 더 큰 소리를 내고 있을 것이다. 본래 남편은 내가 늦게 잠자리에 들었건 어쨌건, 그런 걸 조금이라도 염두에 두는 성품이 아니다. 집안의 대주가 일어나는 기척이 있으면 새벽이든 한밤중이든 발딱 일어나서 도와주지 않고 침대 속에서 꼼짝도 않고 이불을 뒤집어쓰고 모른척 하고 있다니 괘씸하군! 내 언제 한번 혼을 내주리라 하고 마음속으로 벼르고 있다는 것쯤이야 훤히 알고도 남는 일이었다.

그러나 오늘따라 정말이지 일어나기가 싫었다. 마음 탓인지 몸은 침대 속으로 점점 더 기어들어가는 느낌이고, 무겁게 내려앉은 눈꺼풀도 도저히 열릴 것 같지가 않았다. 아마도 남편은 방이건 거실이건 목욕탕이건 할 것 없이 그가 드나드는 곳마다 불을 대낮같이 환하게 켜놓고 다니고 있을 것이 분명하다. 이불을 머리끝까지 뒤집어쓰고 있어도 보고 있는 듯 훤했다. 이달 관리비 고지서에 불어날 전기료가 신경에 쓰이긴 했지만 눈을 질끈 감았다.

'흥, 될 대로 되라지! 바로 아래층에 사는 남자는 휴일날 골프라도 나가려면 행여나 아내가 깰세라 발꿈치도 살금살금, 문

소리도 가만가만 소리죽여 준비를 하고는,

"여보, 푹 자구려, 내 갔다가 일찍 오리다."

하며 이불까지 토닥거려주고 간다고 하더만, 이 사람은 도대체 어찌된 셈인지 이날 이때껏 마누라가 차렷, 준비! 자세로 있어야 속이 차는 사람이니, 참말이지 내 팔자도 여간한 팔자가 아니야 하는 설움 같은 것만 자꾸 가슴 속으로 치밀어 올라오는 것이었다.

'저이가 나갈 때까지 오늘은 정말로 일어나지 말아야지.' 이불 속에서 감은 눈에 더욱 힘을 꾹 주며 나는 굳세게 버티고 있었다.

"여보, 내 바람막이 어디다 두었어? 날씨가 추어질 모양인데."

급기야 날이 선 남편의 목소리가 두툼한 이불솜을 뚫고 들어왔다. 이쯤 되면 못 들은 척 대꾸를 하지 않는다고 그냥 넘어갈 남편이 아니라는 걸 나는 너무 잘 알고 있었다. 무슨 벼락이 떨어질 줄 모른다. 마지못해 뭛은 얼굴로 느릿느릿 일어나 보니 남편 손에는 감색 바람막이 하나가 들려 있었다. 손에 들고 있는 것은 무엇이냐고 묻는 내 표정에,

"이건 움직일 때마다 서걱서걱 소리가 나서 못쓰겠어. 재작년엔가 흰색 바람막이를 새로 샀었잖아? 그게 소리가 안 나고 부드럽단 말이야."

"작년에도 한 번도 안 입은 걸 이 새벽에 갑자기 어디서 찾아요? 찾아보았자 흰색은 누렇게 변했을 거구 고무줄도 늘어

나 입지도 못할 거예요."

당연히 목소리엔 짜증이 잔뜩 묻어나왔다. 순간 그 소리에 나 자신도 아차 싶었다. 마음속으로 찔끔했지만, 그러나 이미 엎질러진 물이었다. 남편이 그 눈치를 못 챘을 리가 없다. 벼락 치는 소리가 조용한 새벽을 울렸다. 결국 남편은 마음에 들지 않는다는 그 감색 바람막이를 가방 속에 아무렇게나 쑤셔 넣고 다시는 돌아오지 않을 사람처럼 쌩하니 찬바람을 일으키고 나갔다.

내려다보니 남편의 차가 사라져 간 주차장에는 아직도 어둠이 깔려 있었다. 꽝! 하고 부서질 듯한 소리를 내며 닫힌 문 앞에서 이마를 세게 찧은 듯 한동안 멍하니 서 있던 내 눈에 현관에 어지럽게 흐트러져 있는 신발들이 들어왔다.

"신을 벗어 놓을 때 가지런히 벗어 놓으라고 그만큼 일렀건만, 모두 이 모양이니, 죄다들 귀에 말뚝이라도 박았나? 신발은 또 왜 이렇게 많아, 문어도 아닌 주제에."

줄줄이 불평을 쏟아내면서도 나는 개 버릇 남 못주듯 허리를 구부려 신발들을 정리하기 시작했다. 그러나 정리하는 손놀림이 고울 리가 없다. 숫제 구석으로 냅다 집어던지는 형상이라고나 할까. 나는 종로에서 뺨맞고 한강물에 돌을 던지고 있었다.

바로 그때였다. 머릿속에 오래 된 기억 하나가 갑자기 생생하게 떠올랐다.

"여보! 당신 오늘 친구들 모임이 있다고 했잖아? 빨리 준비하고 다녀오도록 해!"

그것은 젊은 남편의 목소리였다.

새댁 시절 어느 날이었다. 모처럼 친구들과 약속이 있던 날, 하필이면 그날 아침 시어머님이 무슨 부탁인가를 하셨다. 나는 약속이 있다는 말을 차마 할 수가 없었다. 어쩔 줄 몰라 하며 당황해 하고 있었지만, 아는지 모르는지 남편은 입을 꾹 다물고 출근 채비만을 서두르고 있었다. 그리고 현관에서 신발을 신다가 아무렇지도 않게 큰 소리로 내게 그렇게 말했던 것이다. 아들이 출근하려는 것을 보시려고 마침 시어머님이 현관에 나와 계셨다. 그리고 그날 나는 가볍게 집을 나설 수가 있었다. 모처럼 새로 산 원피스를 차려입고 현관을 나서던 발걸음이 날아갈듯 가벼웠다.

신발을 정리하던 손끝이 갑자기 부드러워졌다. 구두 발등에 얹혀있는 먼지도 눈에 띄였다. 구둣솔을 집어 들고 싹싹 털어 내 신발장에 넣었다. 남편이 나가버리면 다시 쏜살같이 침대 속으로 직행해서 늘어지게 잠을 자야지 하던, 퉁퉁 부르튼 마음도 이미 멀리 날아가고 없었다. 후딱 집안일을 해치우고 빨리 나가서 남편이 돌아오기 전에 근사한 바람막이를 하나 사놓아야지 하는 생각만이 머릿속에 가득 찼다. 그리고 보니 삶의 고비, 고비마다에서 남편은 언제나 풍성한 바람막이가 되어 준 것 같이 느껴지기도 했다.

"이제 나이도 어중간 하니 아예 빨간 것으로 하나 살까?"

마음은 이미 바람막이를 고르고 있었다.

"마음 약한 자여! 그대 이름은 여자이니라."

누군가의 큰 목소리가 귓가를 울렸다.

(1993년)

품위 유지비

"니는 쬐끄만기 뭐 그리 세상일에 궁금한 기 많노?"

석간신문에 코를 박고 있는 나를 아까부터 흘끔흘끔 보고 있던 남편이 마침내 던진 말이었다.

과일을 주든지, 차라도 한잔 끓여가지고 옆에 와서 이러쿵저러쿵 새새거리지 않고 저녁을 먹은 지 벌써 한참이나 지났건만 내내 신문만 뒤적이고 있는 나에게 슬며시 심술이 난 모양이었다.

다른 때 같으면,

"당신은 내 나이가 몇인데 맨날 '쬐끄만기' '쬐끄만기' 하는 거예요? 자, 얼굴에 이 주름 좀 보세요. 이 흰 머리카락은 또 어떻고요. 그렇다고 내 키가 작기나 한가, 원 세상에, 이제 애도 다 컸는데……."

하며 얼굴을 남편의 코밑에 바짝 들이밀고 발끈했을 터이지만 오늘따라 아무 말도 나오지 않았다.

남편의 말은 전혀 들리지도 않는 듯 꼼짝 않고 시선을 신문지 위에 박아놓고 있었다. 아니 시선을 신문지 위에 박아 놓았다기 보다 코와 눈이 신문지 위에 거의 닿아 있었다. 걸핏하면 남편이,

"그 눈이 장식품이지 어디 눈이가?"

하며 놀릴 정도로 눈이 나쁜 탓도 있지만 신경 끝을 확 잡아당기는 단어를 기사 중에서 발견했기 때문이었다.

"품위 유지비"

그것은 새로운 대통령의 취임식에 관련된 기사 속에 들어 있는 말이었다. 정치에 관한 이야기에는 아예 외면을 하는 내가 대통령의 취임식이라고 해서 뭐 쥐뿔나게 시시콜콜 궁금한 것이 많은 것은 아니었다. 매일 저녁의 습관대로 신문을 설렁설렁 읽어 내려가다가 퇴임한 대통령들에게 국가가 어떻게 예우를 하는가 하는 부분에서 그 단어를 발견한 것이었다.

그 액수가 얼마인지, 그런 것이 궁금한 것이 아니었다. 그 말이 밥을 주는 것도 남편의 봉급을 올려주는 것도, 더더구나 아이의 성적을 올려주는 것은 아니었지만 그 말을 발견한 순간 마음이 갑자기 환히 밝아오는 것을 느꼈다

'품위'라는 단어는 내가 가장 좋아하는 말 가운데 하나이다. 외출준비를 하고 현관을 나서는 아이의 뒤통수에 대고 걸핏하면,

"항상 품위 있게 행동해야 한다."

하고, 씨알도 먹히지 않을 줄 뻔히 알면서도 지껄이기 일쑤였고, 남편이 술이라도 한잔 걸치고 들어온 날은 혹시나 밖에서 품위를 떨어트릴 짓이나 하지 않았는가 싶어 괜스레 속을 끓이기도 했었다.

"늙는 것은 어쩔 수 없겠지만, 어떻게 하면 품위 있게 늙을 수 있을까?"

하는 생각을 나는 요즘 들어 가장 자주 하고 있었다. 멋있고 예쁜 사람을 만났을 때보다 품위가 있다고 여겨지는 사람을 만난 날 턱없이 기분이 좋아지기도 했고, 한편으로는 기가 죽기도 했었다.

보던 신문을 남편에게 슬며시 건네주고 나는 부엌으로 가서 사과 한 접시를 담아가지고 와서 남편 옆에 앉았다. 그리고 남편에게 은근한 목소리로 말했다.

"여보, 가만히 생각해보니까 나도 이제 품위 유지비가 필요한 나이가 된 것 같아요. 내 품위 유지비를 따로 좀 주셔야 하는 거 아니에요?"

남편이 말없이 흘낏 나를 한번 쳐다보았다. 오래 살다보니 참 말이지 별 일도 다 있군, 하는 표정으로 사과 한쪽을 집어 입에 넣고는 다시 읽고 있던 신문으로 시선을 거두어 갔다.

'피이, 사람 말이 말 같지 않아요? 왜 대꾸가 없어요?' 그러나 삐죽거리는 심정을 입속에서만 우물거리다가 삼킬 뿐 그 말은 입 밖으로 나오지 않았다. 그것은 다만 까마득한 이상, 오로지 희망사항일 뿐이라는 것을 누구보다도 나 자신이 잘 알고 있었기 때문이었다.

'그렇다고 돈 안 드는 꿈도 못 꾸어보나 뭐!'

한창 신나는 꿈을 꾸고 있는데 누가 옆에서 흔들어 깨우는 바람에 그 꿈이 달아나 버렸을 때처럼 아쉽고 서운해서 삐죽거려지는 심정은 좀처럼 사라지지를 않았다.

이튿날, 퇴근을 해서 집으로 들어선 남편이 안주머니에서 사각봉투를 하나 꺼내 나에게 내밀었다. 아무런 설명이 없는 지라 선뜻 받지를 못하고 우물쭈물하며 남편 얼굴을 먼저 쳐다보았다.

"빨리 받그라. 이게 이달 니 품위 유지비인기라."

남편의 얼굴에는 빙긋 미소까지 번져있었지만 나는 도저히 믿을 수가 없었다. 원래 말 수가 적고 무뚝뚝하기 그지없는 사람이기는 하다. 그러나 어제는 일언반구 아무런 반응도 하지 않아 남의 속을 그렇게 뒤집어 놓더니 이렇게 봉투까지? 눈가에 뜨거운 김이 훅 하고 느껴지는 것을 힘주어 억누르며 나는 봉투를 열었다. 만 원권 석장이 얌전히 들어 있었다. 그것을 확인한 순간 나는 그것들을 봉투 속에 아무렇게나 도로 구겨 넣었다. 그리고 힘껏 남편 앞에 그것을 내동댕이치려는 순간이었다. 눈에 익은 납작납작한 남편의 글씨가 쓰인 메모지 한 장이 발밑에 툭 떨어졌다.

"이것이 당신의 5월분 품위 유지비임. 마음에 차지 않을 것이라는 거 나도 익히 알고 있음. 그러나 이거면 책 두어 권과 새 앞치마 하나쯤은 살 수 있다고 사료됨. 역사책이든 소설책이든 책에 사로잡힌 당신과, 인스턴트가 아닌 정성이 담긴 음식을 만들고 있는 앞치마 두른 당신을 기대함. 품위라는 것은 스스로 높여야 하는 것이라고 나는 생각함. 물론 당신이 높은 품위를 유지하는 거에 난 두 손 들어 절대로 찬성함. 당신의 사랑하는 남편 씀"

(1993년)

상해 문학기행

생전 처음으로 '문학기행'이라는 걸 다녀왔다. 바라보는 것, 가리키는 것, 말하는 것, 그리는 것, 등등이 비슷한 사람들끼리 하는 여정은 마음 편하고 행복한 것이었다. '문학기행'을 다녀왔으니 '기행문'이라는 걸 써야 한단다. 서툴지만 용기를 내어 시를 써보기로 했다.

풍경 1. 홍구紅口공원

그곳은 커다란 무대
막은 이미 올라있었다

제1막

느릿느릿 조용조용 그저 그렇게
기공인가 쿵푸인가 아침을 연다
예서제서 무리지어 따로 또 같이
구령소리도 호각소리도 들리지 않아
이어서 펼쳐지는 건 무도舞蹈의 광장
밀고 당기고 빙그르르 돌고 돌며
공원의 아침에 무늬를 넣는다
조금 더 가다보면 노래 연습장
음계도 박자도 내겐 먼 것이지만
마이크 잡은 손이 햇살 속에 바르르르
음악 소리 커지고 눈빛이 살아난다
아아, 그들에게도 표정이 있었나 보다
무언가를 만나러 누구인가를 만나러
사람 또 사람들이 오고 또 온다

제2막
한껏 작아져 매정梅亭 앞에 서서
스물다섯 나이의 매헌梅軒을 만난다
조그만 유리상자 속 반듯 누워 있는 도시락
알루미늄 흰 빛깔은 못다 이룬 꿈이런가
머언 먼 70여 년 전 사진 속 그 두 아이는
어디서 지금을 고이 살고 있을까
돌아 나오는 돌계단 밑 응달진 기념품점
갓 지은 집 이층 벽에 걸려있던 자취들이

으스스 추위 타며 웅크리고 나와 있다
차마 다가가지 못하고 돌아서는 내 모양이
초라하고 서글퍼 하늘을 쳐다본다
내가 끌고 온 내 세월만이 아니고
지나간 세월은 모두 이렇듯 서러운 것인가 보다
지금도 여전한 세월의 강은
어느 구비 돌고 또 돌아나와
역사의 어느 페이지에 또 나를 부려 놓으려나

제3막
"노신魯迅 동상이 여기 있었는데 어디로 갔지?"
가이드 얼굴에 먹구름이 끼었다
그녀의 시선 너머엔 빈 뜰만 가득
왼쪽 큰 마당에 대궐 같은 집을 짓고
노신은 이사 가고 햇살만 남아 있다
손가방 탈탈 털어내 검사를 받고
노신을 만나러 기 죽어 들어갔다
부잣집 너른 광 속을 눈 둥그렇게 돌고 돌아
더욱 더 기가 죽어 말 잊고 나오는 길
무심코 돌아보니 백화원百花園 하얀 뜰 옆
박선생님 큰 얼굴엔 함박꽃이 피어있다
노신을 못 만나고 그냥 돌아갈까 봐
웅얼웅얼 첫날부터 볼이 부어 있었다

마지막 제4막
공항 가는 발걸음은 바쁘기만 한데
쌍절곤과 봉술 무대는 물이 한창 올랐다
더딘 발걸음은 더욱 더뎌 가는데
발목을 잡아끄는 게 또 하나 있다
팔뚝만한 붓 한 자루 길 위를 달리며
바가지의 물을 찍어 겅중겅중 글을 쓴다
아무렇지도 않게 생긴 검은 모자 아저씨
그 옆엔 또 한 자루 물병에 매단 붓이
시멘트 바닥 초서 위에 날개를 달고 있다
차마 밟지 못해 깨금발로 뛰어가다가
"종이에 쓰면 저게 다 돈인데"
강선생님 한 마디에 까르르 무대 밖으로 뛰어 나왔다

풍경 2. 성황각 가는 길

아리 라~앙 아리 라~앙 아라리~오
오산吳山 꼭대기 성황각 가는 길
아리랑 가락이 발길을 잡았다
용케도 알아본 거리의 악사일까
돌아보고 또 보아도
그럼직한 악사는 보이지 않고
남녀 한 무리 어우러져 춤을 춘다
아무렇지도 않게

사뭇 무덤덤하게
웃는 것도 우는 것도 아닌 얼굴로
무채색 옷깃 속에 삶의 무늴랑 여미어 두고
너울너울 훠얼훠얼 몸짓을 한다

아리 라~앙 아리 라~앙 아라리~오
주신周新의 성황묘로 오르는 길
아리랑 가락이 소매를 끈다
보고 또 보아도
그럼직한 무대는 보이지 않고
이국의 가락 속에 손을 맞잡고
바닷물처럼 일렁대는 사람들만 있다
아주 진지하게
사뭇 엄숙하게
배배 마른 남자 하나 반쯤 눈 감고
저 혼자 빈 손으로 돌고 있다
허허로이 한 귀퉁이에서 돌고 있다

(2009년)

▩ 연보

• 약력

1945년	충북 청주 출생.
1961년	청주여자중학교 졸업.
1964년	청주여자고등학교 졸업.
1964년	연세대학교 영문학과 입학.
1968년	연세대학교 영문학과 졸업.
1968년	≪The Korea Times사≫ 입사.
1968년	≪The Korea Times사≫ 퇴사.
1968년	한국외환은행 외환관리부 입행.
1971년	한국외환은행 퇴직.
1971년	고봉진과 결혼.
1973년	딸 혜선 태어남.
1986년	수필집 〈다시 태어남을 위하여〉 공저 출간.
1986년	수필 〈신호등〉 월간 ≪한국문학≫ 신인상 수상.
1987년	수필집 〈있음의 흔적〉 공저 출간
1987년	제1회 ≪월간 에세이≫ 에세이스트 상 수상.
1988년	수필집 〈떠오르는 빛〉 공저 출간.
1990년	(주) 도서출판 〈춘추사〉 대표이사, 발행인 취임.
1990년	수필집 〈나무로 만나 숲으로 서다〉 공저 출간.
1992년	영문희곡 〈러브레터, Love Letters〉(A. R. Gurney) 번역 출간.
1996년	(주) 도서출판 〈춘추사〉 대표이사 사임.

1996년~2000년	≪계간수필≫ 편집위원 역임.
1999년	일본어 번역능력시험 2급 자격 취득.
2002년	일본어 번역 능력시험 1급 자격 취득. 한국번역가협회 정회원이 되다.
2007년	田中佐知의 시집 2권 번역, 출간. 〈조용히 바라보는 것, 그건 사랑, 見つめることは 愛〉〈모래의 추억, 砂の 記憶〉
2007년	수필집 〈낮에 나온 반달〉 출간.
2008년	Chaco의 소설 〈천사의 선물, 天使がくれたもの〉 번역, 출간.
2008년	≪좋은 수필≫ 겨울호(제6호)부터 ~ 현재까지 〈권일주의 21세기 일본수필 산책〉에 일본수필 번역 연재 중.
2009년	수필집 〈혼자 놀기〉 출간.

• 현재

수필문우회 회원, 한국문인협회 회원, 한국번역가협회 회원 및 자문위원,현재 일본어 전문 번역가로 활동 중.

현대수필가 100인선 · 84
권일주 수필선

나만의 빈터

초판인쇄 | 2010년 10월 1일
초판발행 | 2010년 10월 5일

지은이 | 권 일 주
펴낸이 | 서 정 환
펴낸곳 | 좋은수필사

주 소 | 서울시 종로구 익선동 30-6
운현신화타워 빌딩 3층 305호
전 화 | 02)3675-5635, 063)275-4000
등 록 | 1984년 8월 17일 제28호
홈페이지 | http://www.shinapub.com
e-mail | essay321@hanmail.net

값 7,000원

ISBN 978-89-5925-353-1 04810
ISBN 978-89-5925-247-3 (전 100권)